Haus des Larariums
Sarno-Tor
Amphi-theater
Garten der Flüchtlinge
Haus des Menander
Stabianer Tor
Athena-Tempel
Theater
Haus des Apollo Citarista

Gabriel Zuchtriegel

VOM ZAUBER DES UNTERGANGS

Propyläen wurde 1919 durch die Verlegerfamilie Ullstein als Verlag für hochwertige Editionen gegründet. Der Verlagsname geht zurück auf den monumentalen Torbau zum heiligen Bezirk der Athener Akropolis aus dem 5. Jh. v. Chr. Heute steht der Propyläen-Verlag für anspruchsvolle und fundierte Bücher aus Geschichte, Zeitgeschichte, Politik und Kultur.

Gabriel Zuchtriegel

Vom Zauber des Untergangs

Was Pompeji über uns erzählt

PROPYLÄEN

Wir verpflichten uns zu Nachhaltigkeit
• Papiere aus nachhaltiger Waldwirtschaft und anderen kontrollierten Quellen
• Druckfarben auf pflanzlicher Basis
• ullstein.de/nachhaltigkeit

Bildteil: © Abb. 1: Museo Archeologico Nazionale di Napoli, Ministero della Cultura; alle anderen: Parco Archeologico di Pompei, Ministero della Cultura.
Fotos: Silvia Vacca (2, 3, 4b, 5, 6–15, 17–23, 30, 31); Llorenç Alapont (29); Giuseppe Sannino (1); Luigi Spina (24a u. 24c); Assunta Somma (32); Ufficio Stampa Parco Archeologico Pompei (16, 24b, 25b, 28); Gabriel Zuchtriegel (4a, 25a, 26, 27). Zeichnungen: Simona Capecchi (Gesamtplan der antiken Stadt); Raffaele Martinelli (18b).

MIX
Papier | Fördert gute Waldnutzung
FSC® C014496

Propyläen ist ein Verlag der Ullstein Buchverlage GmbH
5. Auflage 2023

ISBN 978-3-549-10048-6

Gesetzt aus der Minion Pro
Satz und Repro: LVD GmbH, Berlin
Druck und Bindung: GGP Media GmbH, Pößneck

Pompeii like any other town. Same old humanity. All the same whether one be dead or alive. Pompeii comfortable sermon. Like Pompeii better than Paris.

H. Melville, *Journal*, 1857

Inhalt

Zu Risiken und Nebenwirkungen

Dass Besucher in Pompeji immer wieder Herzinfarkte erleiden, manche mit tödlichem Ausgang, war mir nicht bewusst, bis mich eine erfahrene Mitarbeiterin dezent darauf hinwies, einige Wochen, nachdem ich im April 2021 meine Arbeit als Direktor der UNESCO-Stätte aufgenommen hatte. Seither haben wir den medizinischen Notdienst in der antiken Stadt noch mal aufgestockt. Von den durchschnittlich 600 Einsätzen im Jahr haben etwa 20 Prozent mit Herz-Kreislauf-Problemen zu tun. Man schiebt es meistens auf das heiße Wetter. Aber ist das der einzige Grund?

Im Jahr 2018 erlitt ein Besucher der Uffizien in Florenz einen Herzinfarkt vor Botticellis *Geburt der Venus* in einem voll klimatisierten Saal. Die Medien spekulierten über das Stendhal-Syndrom, benannt nach dem französischen Dichter, der 1817 beim Besuch der Basilica di Santa Croce in Florenz in eine Art Ekstase verfiel angesichts all der Kunst und Geschichte. In den Siebzigerjahren des 20. Jahrhunderts hatte die Florentiner Psychiaterin Graziella Margherini bei Touristen der Stadt ähnliche Symptome festgestellt. Das »Stendhal-Syndrom« war geboren.[1] Da offiziell nicht als Krankheit anerkannt, ist die Liste der Merkmale offen. Außer Herzanfällen werden genannt: Herzrasen, Atemnot und Hyperventilation, Ohnmacht, Schwindel, Schweißausbrüche, Übelkeit, Halluzinationen.

Ich selbst blieb bisher verschont. Aber es gibt einige Orte in Pompeji, an denen ich für mich eine gewisse Gefährdung sehe. Dazu gehört der *Orto dei Fuggiaschi*, der »Garten der Flüchtlinge«, am Südrand der antiken Stadt. Hier entdeckten Archäologen dreizehn Opfer des Vulkanausbruchs, der an einem Herbsttag 79 n. Chr. Pompeji unter einer meterdicken Ascheschicht begrub. Unter den Opfern sind mehrere kleine Kinder. Gegen 7:30 Uhr morgens, fast zwanzig Stunden nach Beginn der Eruption, fanden sie hier den Tod beim Versuch, aus der Stadt zu entkommen. Erfasst von einer Hitzewelle von circa 400 Grad, die sich mit fast 100 km/h vom nahen Vulkan Vesuv ausbreitete, wurden sie zu Boden gestreckt. Etliche halten die Hände schützend vors Gesicht, ein Mann versucht, sich mit letzter Kraft aufzustützen. Ein kleiner Junge hält sich die Brust, machtlos gegen die Wucht der Schockwelle aus Staub und Asche, die ihn umschloss. Fast scheint er zu schlafen, den Mund leicht geöffnet.

Dreizehn von 1300 Opfern des Vesuvausbruchs, die bislang in Pompeji ausgegraben wurden. Aber dreizehn, deren Gesichtszüge, Frisur, Kleidung, Körperbau wir genau kennen, als lägen sie tot seit wenigen Stunden. Asche und Staub schlossen ihre Körper ein und wurden hart, die Leichen selbst zersetzten sich, ließen so einen Hohlraum im Boden entstehen.

Als zwischen April und Juni 1961 Grabungsarbeiter auf diese Hohlräume stoßen, gießen sie Gips hinein. So stehen, nach neunzehn Jahrhunderten, die Abgüsse jener Menschen wieder vor uns. Oder sind es keine Abgüsse, sondern sie selbst? Wie umgehen mit solchen »Funden«? Und was erzählt unser Umgang damit über uns selbst?

Solche Fragen stellen sich in Pompeji manchmal ganz konkret. Zum Beispiel, wenn ich eine potenzielle Gruppe aus Sponsoren der Industrie- und Handelskammer Neapel durch Pompeji führe, wie ein paar Wochen nach meiner Ankunft in Pompeji geschehen. Dann sind sie wieder da: diese erwartungsvollen Gesichter, die zu sagen scheinen: Jetzt leg mal los. Erklär uns mal, warum wir eigentlich hier sind, ob es die Reise wert war. Soll ich die Kinder, Frauen und Männer aus dem »Garten der Flüchtlinge« in meine Führung mit einbauen, versuchen, meine Ergriffenheit mit den Leuten von der IHK zu teilen? Oder wäre das eine Art Verrat? Würde ich, von den dreizehn Opfern sprechend, etwas Intimes auch von mir preisgeben? Sollte ich mich gar am Ende mitschuldig machen, wenn einer von ihnen das Stendhal-Syndrom bekommt?

Dieses Buch gibt auf alle diese Fragen die Antwort: Ja! Denn in meiner Laufbahn als Archäologe vom Touristenführer während des Studiums im Pergamonmuseum Berlin bis nach Pompeji ist mir längst klar geworden: Das Problem ist nicht das Stendhal-Syndrom. Statistisch sind Herzinfarkte und andere Symptome in Pompeji nicht häufiger als in einer beliebigen Fußgängerzone. Das Problem ist ein anderes, nennen wir es: das Sammlersyndrom.

Das Sammlersyndrom

Der Sammler betrachtet alles unter dem Gesichtspunkt des Besitzes: Wäre das was für meine Sammlung? Hat ein anderer mehr als ich? Ein ständiges Abschätzen, Anhäufen, Vergleichen, Bewerten, Beurteilen. Er sieht die Welt als eine Art Warenhaus, in dem es den Einkaufswagen vollzuladen gilt – so weit eben die Kreditkarte reicht.

Ich habe immer wieder Menschen kennengelernt, die Sammlungen antiker Kunstwerke besitzen, und glauben Sie mir: Beneidet habe ich keinen von ihnen, eher bemitleidet, eine so wundervolle Sache wie die Archäologie zu einem Haufen von Besitztümern herabzuwürdigen. Aber das Sammlersyndrom ist nicht auf Sammler von Antiquitäten beschränkt. Zu einem gewissen Grad leiden wir alle daran – es ist schlicht ein Ausdruck unserer materialistischen Welt.

Eine wissenschaftliche Studie hat gezeigt, dass zwei der wichtigsten Beweggründe, ein Museum zu besuchen, im Sammeln von Wissen und Erfahrungen bestehen.[2] Liest man genauer, so stellt sich heraus, dass mit »Erfahrungen sammeln« gemeint ist, dass man einen Haken dahintermachen kann: Pompeji-Besuch erledigt! Die abzuhakenden Erfahrungen werden ausgewählt nach dem, was man so hört, sprich: Diese Besuchergruppe geht dorthin, wo man gewesen sein muss. Man arbeitet eine Art Liste ab. Wie, noch nie im Louvre gewesen? … Dann aber nichts wie hin, ansonsten ist man ja kein ganzer Mensch/Archäologe/Kunsthistoriker! Kurz: Mit dem Sammlersyndrom lebt man im Bewusstsein, noch wohin zu müssen, noch etwas werden zu müssen, sich noch etwas aneignen zu müssen, sei es nun Wissen, Erfahrung oder Besitz.

Ich würde sogar vermuten, dass dieses Sammeln im weitesten Sinn das stärkste Motiv ist – zumindest nach der Mehrzahl der Besucherinnen und Besucher zu urteilen, denen ich als Führer durch archäologische Museen und Parks begegnet bin. Sie wollen in erster Linie wissen, warum sie diesen Ort eigentlich auf der Liste haben.

Das Bedürfnis, einen Haken darunterzusetzen, wird natürlich von den sozialen Medien wundervoll bedient. Dass Menschen filmen, bevor sie hinschauen, wäre meinen Großeltern als Witz erschienen; heute sind wir längst daran gewöhnt. Das ist auch völlig in Ordnung, es geht ja nicht darum, irgendwas vorzuschreiben.

Anders verhält es sich mit einem weiteren Symptom des Sammelsyndroms: Man nimmt was mit. Jede Woche gehen in Pompeji Päckchen und Pakete ein mit Lavabrocken, Mosaiksteinchen oder Scherben, die jemand hat mitgehen lassen. Die Reue kommt Jahre, manchmal Jahrzehnte später – der Nachteil am Sammeln ist, dass sich das Angehäufte irgendwann als Last erweist. In Pompeji kommt hinzu, dass eine Legende umgeht, der zufolge das Entwenden solcher Gegenstände, das übrigens strafrechtlich verfolgbar ist, Unglück bringt. Manch reuevoller Sammler begleitet denn auch die Rücksendung mit einer Aufzählung von Unglücksfällen, die teils sehr berührend sind. Von Scheidung, Verlust des Arbeitsplatzes und selbst Krebserkrankungen habe ich schon gelesen. Ein Beispiel aus dem Sommer 2022:

> *Lieber Museumsleiter,*
> *ich bin ein Steinesammler, und überall, wo ich hingehe, lese ich einen großen oder kleinen Stein auf. Als ich daher 2012 Pompeji besuchte, las ich diese hier auf und ein kleines Keramikfragment, das ich auf dem Boden fand.*
>
> *Vor einer Weile las ich einen Artikel auf CNN und auch im* Lonely Planet, *wo es um Leute ging,*

die mitgenommene Dinge zurückgeben, weil sie ihnen Unglück gebracht haben. Seither hat mich die Geschichte nicht mehr losgelassen.

Ich ging in der Zeit zurück und sehe klar, dass die Dinge in meinem Leben und in meiner Karriere seit 2012 nicht gut gelaufen sind. Ich habe sogar bis heute eine Reihe komplizierter Gesundheitsprobleme durchzustehen gehabt.

Ich weiß zwar nicht, ob der »Fluch« wahr ist oder nicht, aber ich habe entschieden, diese Gegenstände dorthin zurückzusenden, wo sie hingehören. …

In welche Gruppe hätte Stendhal gepasst? Sicher in keine Sammlergruppe; er war zeit seines Lebens ein unsteter Wanderer mit wenig Platz für Angehäuftes – materiell und geistig. Auch eine andere, laut Studie ziemlich zahlenstarke Gruppe – die derer, die ihrem Partner oder ihrer Partnerin zuliebe ins Museum gehen – scheidet aus, ganz von denen zu schweigen, deren Hauptgrund der Besuch der öffentlichen Toiletten ist. (Auch die sind eine Gruppe, wenn auch beruhigenderweise nur eine ganz kleine!)

Stendhal hätte am besten in die Gruppe derer gepasst, die in der Fachliteratur als »spirituelle Pilger« bezeichnet werden.[3] Sie gehen in ein Museum oder in einen archäologischen Park, um Energie zu tanken, sich selbst besser kennenzulernen, Inspiration und ein Gefühl von Freiheit zu finden. Etwas neu entdecken, wie ein Kind, zum ersten Mal; nicht die Highlights abarbeiten, die andere definiert haben, sondern der eigenen Wahrnehmung vertrauen. So kann ein Museumsbesuch in der Tat zu einem spirituellen Erlebnis werden. Denn es geht dabei um uns selbst beziehungsweise darum, über uns selbst hinauszuwachsen. Stendhal sprach von »himmlischen Gefühlen«, die einhergingen mit einer totalen »Erschöpfung« des Ichs.[4] Das klingt heute vielleicht schwülstig, entsprach aber dem damaligen Sprachgebrauch in Sachen Spiritualität. In buddhistischer Terminologie wäre das vielleicht die »erste Vertiefung«.

Zur Warnung sei gesagt, dass gewisse Nebenwirkungen tatsächlich nicht auszuschließen sind, auch wenn die Gesundheitsfolgen von Kunstgenuss, wie wir gesehen haben, wissenschaftlich umstritten sind. Aber Kunst und Archäologie haben nun mal viel mit Schmerz, Verlust, Tod und Gewalt zu tun, ganz wie unsere persönliche Geschichte – in Pompeji, der Stadt, die 79 n. Chr. vom Vesuv »lebendig begraben« wurde, ist das deutlicher als anderswo zu spüren. Angesichts der Gipsabgüsse von bei der Katastrophe umgekommenen Kindern schaltet sich bei mir auch nach vielen Jahren Wissenschaft, für die solche Gegenstände eigentlich »Fundgruben« sind, der Wissenschaftler aus. Ein fünfjähriger Junge, nach 18 Stunden Bimssteinregen und Dunkelheit erfasst von einer 400 Grad heißen Staub- und Aschewelle, spricht die Urangst des Kindes in mir an, in der schlimmsten Not alleingelassen zu werden. Mama und Papa konnten nichts mehr machen, die kämpften selber um ihr Leben.

Andererseits vermag keine wissenschaftliche Beschreibung den kleinen Glücksmoment einzufangen, in dem Christopher Clark, der zu Dreharbeiten für eine Doku in Pompeji war, und ich im Depot über die kleine Skulptur eines schlafenden Fischerjungen stolperten. Weil sein Kapuzenmantel so kurz ist, hat er sich eingerollt, um nicht zu frieren – wie mein achtjähriger Sohn das manchmal macht. Sein Wasserkrug ist umgefallen, aus seinem am Boden liegenden Korb frisst eine Ratte. Inmitten des Drehrhythmus war das wie ein Gruß von unserem inneren Sonnenkind. Wir haben die Skulptur dann spontan in die Dokumentation eingebaut.

Dazu fallen mir zwei Sätze aus Stendhals Beschreibung seines Florentiner Erlebnisses ein, die viel mehr sagen als das oft zitierte Herzklopfen und der Schwindel, den er beim Weg aus der Kirche empfand: »... das alles spricht lebendig zu meiner Seele. Ah! Wenn ich vergessen könnte! ...«[5]

Warum vergessen? Ich weiß es nicht genau, aber ich vermute, das bedeutet, dass diese Art von Erfahrung nicht sammelbar und abheftbar ist, und auch, dass man sie nicht planen kann wie einen Restaurantbesuch. Vor allem aber: dass dafür all unser Vorwissen eher hinderlich denn hilfreich ist und daher für den Augenblick besser vergessen wird. Eine solche Begegnung findet in diesem Moment statt, zwischen dir und dem Werk, und dann ist sie vorbei. Was bleibt, ist kein fixierbares Wissen, kein Häkchen auf der To-do-Liste, nur ein kurzer Ausbruch aus dem Gefängnis der Gegenwart: Gegenstände und Kunstwerke, die vor Hunderten oder sogar Tausenden von Jahren geschaffen wurden, sprechen plötzlich zu uns – wenn wir zuhören. Zur Gruppe der »spirituellen Pilger« zählen die, die ins Museum gehen, um in dieser Weise zuzuhören – und das Stendhal-Syndrom riskieren.

Wir können alle dieser Gruppe beitreten. Vom Standpunkt der Psychologinnen und Psychologen, die sich mit Museen beschäftigen, ist das ganz einfach, probieren Sie es selbst aus: Wenn Sie in ein Museum gehen, stellen Sie sich vor, jemand fragt Sie für eine Studie, was Sie sich davon erwarten. Und Sie antworten: dass es zu meiner Seele spricht!

Natürlich ist es nicht ganz so einfach. Vielleicht versteht der Psychologiestudent, der die Fragebögen austeilt, die literarische Anspielung auch nicht und stuft Sie als unkooperativen Spaßvogel ein. Deswegen habe ich dieses Buch geschrieben. Es setzt da an, wo meiner Ansicht nach eine Wurzel des Problems liegt. Wer pilgert, braucht einen Motor, der ihn antreibt. Etwas, das uns anzieht, so wie Stendhal von Italien angezogen wurde, dem Land, in das er immer wieder zurückkehrte.

Jeder hat so einen Motor, doch tun wir Archäologen und Kunsthistoriker zugegebenermaßen denkbar wenig, um ihn anzukurbeln. Wir sind uns nämlich selbst oft nicht klar darüber, was uns die Energie gibt, jahrelang zerbrochene Amphoren oder bruchstückhafte Inschriften zu studieren. Und so driften wir in die reine Sammelei von Faktenwissen und Literaturhinweisen ab. Dass das Publikum da ebenfalls im Sammeln stecken bleibt, sollte eigentlich niemanden verwundern.

Man kann es sich so vorstellen: Ein junger Mensch schreibt sich an der Universität für Archäologie ein in der Hoffnung, dass »alles lebendig zu seiner Seele spricht«. Auf der Universität ist von der Seele aber keine Rede. Stattdessen geht es ans Sammeln: Studienpunkte, Scheine und Kataloge. In der Archäologie machen wir von allem Kataloge: von Vasen, Sarkophagen, Bildmotiven, Gebäudetypen, aber auch von Nägeln, Eisenschlacken und Dachziegeln, die auf Ausgrabungen gefunden werden. Später, während der Promotionsphase, wird es dann wichtig, ein paar Publikationen zu sammeln, denn das ist entscheidend für die weiteren Berufsaussichten. Hat man es ins nächste Level geschafft, geht es weiter: Jetzt sind Drittmittel essenziell, also Gelder für Projekte von der Deutschen Forschungsgemeinschaft oder von der EU, mit denen man sich um eine Professur bewerben kann. Denn ausschlaggebend ist bei der Bewertung der Kandidatinnen und Kandidaten, wie viele Drittmittel sie eingesammelt haben.

Wer jetzt die Dinge, die »lebendig zur Seele sprechen«, noch nicht vergessen hat, hat in den allermeisten Fällen gelernt, sie für sich zu behalten als etwas Privates, Unwissenschaftliches, Kindliches, das vielleicht auch ein bisschen peinlich ist. Das, was ursprünglich der Antrieb war, gilt also im wissenschaftlichen Betrieb als unwichtig oder wird sogar versteckt: Der Motor kommt unter die Haube. Und so unterrichten wir dann neue Generationen im Ansammeln von Publikationen und Drittmitteln und entwerfen Projekte für wissenschaftliche Ausstellungen und Museen, ohne viel über Gefühle, geschweige denn himmlische, nachzudenken.

Okay, zugegeben, das war jetzt alles etwas überspitzt und bestimmt auch ein bisschen unfair. Ich hatte einige fantastische Lehrerinnen und Lehrer, die mir viel Inspiration, Offenheit und Seele mitgegeben haben. Aber das war nicht der Mainstream; wer es anders macht, schwimmt oft gegen ihn an.

Ein Kunstwerk, eine antike Stadt oder eine ganze Kultur zu erklären, ist, wie einen Samen zu pflanzen. Man kann die Technik des Pflanzens perfektionieren, gießen, düngen, hegen und pflegen. Aber es braucht noch etwas anderes zum Gelingen: fruchtbare Erde. Die fruchtbare Erde ist die Möglichkeit der Zuhörerinnen und Zuhörer, diesen Samen wachsen zu lassen. Ohne das hilft alle Mühe nichts. In der Wissenschaft von der Kunstvermittlung (Museologie) wird diese

Kapazität normalerweise als etwas betrachtet, das außerhalb unserer Reichweite liegt. Wir versuchen alles Mögliche zu gestalten, von der Beleuchtung bis zu den Beschriftungen und zur Barrierefreiheit, aber die Besucherinnen und Besucher nehmen wir, wie sie sind. Ganz so, wie Unternehmen ihre Kunden als Gegebenheit hinnehmen. Und das sind sie ja auch. Kein Museum oder archäologischer Park sollte sich einfallen lassen, sich sein Publikum auszusuchen: Jede und jeder ist willkommen.

Wir müssen bei uns selbst anfangen. Daher habe ich beschlossen, in diesem Buch die Motorhaube mal aufzumachen: Ich erkläre am Beispiel von Pompeji, was einen Archäologen wie mich antreibt, mich diesem Ort mit ganzer Seele zu widmen – von den Toiletten (das ist kein Scherz, wir hatten schon unzufriedene Besucher, die deswegen an den Kulturminister geschrieben haben) bis zu den jüngsten Ausgrabungen, die unserem Bild der antiken Stadt immer noch neue und teils überraschende Aspekte hinzufügen.

Worum es geht

Das, worum es hier geht, ist übrigens gar nichts Neues. Nur wird unter Fachleuten darüber normalerweise nicht gesprochen. Es ist von außen betrachtet erstaunlich, wie selten im Universitäts- und Museumsbetrieb die objektive Scheinoberfläche durchbrochen wird und zutage kommt, was uns emotional eigentlich antreibt, was »zu unserer Seele spricht«. Dass man so was nicht in den Projektantrag oder in die Fachpublikation schreibt, ist klar. Aber dass unter Kolleginnen und Kollegen so selten ein Wort darüber fällt, ist schon ein wenig sonderbar. Wir sprechen schließlich nicht von Quantenmechanik, sondern von menschlicher Kommunikation und Erfahrung, denn um nichts anderes geht es in Kunstgeschichte und Archäologie.

Der Grundriss eines Tempels ist an sich völlig uninteressant, wenn er nicht dazu dient, die ästhetische, religiöse, soziale und emotionale Erfahrung, die Bauherren und Architekten dadurch vermitteln wollten, zu rekonstruieren. So gesehen, steckt in jedem Bauwerk eine Welt. Und der Sinn, diese Welt zu rekonstruieren, ist, unsere eigene Welt ein Stück zu erweitern und vielleicht auch zu relativieren; eine andere Welt ist möglich – Veränderung ist möglich. Die Dinge haben sich gewandelt, manchmal radikal, und werden es auch in Zukunft tun.

Trotzdem gibt es jede Menge Fachbücher, die voll von Tempelgrundrissen sind, aber kein Wort über die Erfahrungswelt dieser Gebäude enthalten. Und überraschenderweise gibt es auch Autorinnen und Autoren solcher Bücher, die die Frage nicht nur nach ihrer eigenen, sondern auch nach der emotionalen Erfahrung der antiken Besucher eines Tempels nie stellen würden. So, als hätte das pure Zusammenstellen und Vergleichen von Grundrissen einen Zweck an sich, der von irgendeiner übergeordneten Buchhalterinstanz positiv vermerkt würde. Aber dass ein Tempel 6 × 13 Säulen hatte und der andere 6 × 14, ist noch keine Erkenntnis, schon gar keine »wissenschaftliche«, das sind nur Zahlen. Dennoch liest man so was selbst in manchen Reiseführern. Dabei stehen die Touristen ja vor dem Tempel und können selber zählen! Interessanter wäre, zu erklären, was sich in den Säulenhallen abspielte, aber das ist vielen schon verdächtig spekulativ.

Wenn man die hohen Stufen eines antiken griechischen Tempels hochsteigt, merkt man am eigenen Leib, dass diese Gebäude nicht für menschliche Maße gemacht sind. Die Schwelle zum Innenraum des Neptuntempels in Paestum, errichtet im 5. Jahrhundert v. Chr., bringt es auf 82 Zentimeter Höhe. Hier wird also durch Architektur körperlich erfahrbar vermittelt, dass der menschliche Besucher eine Nummer zu klein ist: Der griechische Tempel ist als »Haus der Gottheit« konzipiert, die darin »wohnt«. Aufgegangen ist mir das übrigens erst, seitdem ich als Direktor des Archäologischen Parks von Paestum, wo ich vor meinem Wechsel nach Pompeji arbeitete, selbst Zugang zum Tempelinneren hatte. Das war 2015. Es folgte die Entscheidung, die damals fürs Publikum geschlossenen Innenräume der Tempel zugänglich zu machen – im Fall des als »Basilika« bekannten Tempels sogar mit einem barrierefreien Rundgang, der erste und bisher einzige in einer Ruine dieser Art.

Auch in Pompeji versuche ich jeden Tag, den ich nicht auf Dienstreise bin, zwischen den zweitausend Jahre alten Häusern Zeit zu verbringen. Wenn es sich nicht während der Arbeit ergibt, weil eine Besprechung auf einer der zahlreichen Restaurierungsbaustellen oder eine Führung ansteht, mache ich abends noch einen Spaziergang, lasse mir von den Wachleuten momentan geschlossene Häuser öffnen. Auf solchen scheinbar unproduktiven, aber dennoch (oder gerade deswegen?) inspirierenden Spaziergängen kommen mir oft neue Ideen und neue Perspektiven öffnen sich plötzlich.

Im Studium ging es um solche Dinge so gut wie nie. Ich kam an der Humboldt-Universität in Berlin an mit der Vorstellung, mich unter Menschen wiederzufinden, die die Begeisterung für die Antike teilten. Aber wenn sie das taten, haben es die meisten gut versteckt. In Seminaren und Pausengesprächen ging es oft nur darum, mit Faktenwissen aufzutrumpfen. Als einmal Luca Giuliani aus München nach Berlin kam und in einem Gastvortrag den sterbenden Gallier nachstellte – er setzte sich tatsächlich in dieser Pose auf den Boden –, um zu zeigen, dass dessen Versuch, sich mit der Rechten wiederaufzurichten, aus anatomisch-physikalischen Gründen, die jeder selbst am eigenen Leib erfahren kann, zum Scheitern verurteilt ist, war das wie eine Erleuchtung. Meine Abschlussarbeit habe ich dann trotzdem zu was ganz anderem geschrieben: zu Latrinen und Abwassersystemen in antiken griechischen Städten. Ich kam darin zu dem Schluss, dass es die in der Zeit der griechischen Klassik nicht gab und dass wir uns die Straßen des antiken Athens und anderer Kunstzentren als Kloaken unter freiem Himmel vorstellen müssen. Ausgenommen davon waren lediglich die Heiligtümer und Tempel, da die Grenze zwischen schmutzig und sauber religiös fundiert war. Im Rückblick war mein emotionaler Motor die Rebellion gegen ein weißgewaschenes Bild der Klassik. Das war also eine Art Revolte gegen das Establishment, und tatsächlich ließen Reaktionen vonseiten einiger Professoren, die das nicht hören wollten, nicht auf sich warten.

Aber das ist gar nicht der Punkt. Das Beispiel zeigt einfach, wie bei Themenwahl, Ansatz und Reaktionen emotionale Triebfedern mitspielen. Ich fand es faszinierend, mir die Akropolis, von der eine Inschrift erhalten ist, die Kuhfladen aus dem Heiligtum verbannt (wie die Tiere dazu gebracht werden sollten, ist unbekannt), als eine durch allerlei Verbote, Regeln und architektonische Barrieren rein gehaltene Insel in einer von Unrat und Gestank strotzenden Stadt vorzustellen. Ich habe damals über das, was mich eigentlich zu dieser Arbeit bewegt hat, weder mit meiner Professorin noch mit irgendwem anders gesprochen. Vieles wurde mir erst im Rückblick klar.

In diesem Buch geht es darum: Warum interessiert uns die Antike heute überhaupt, was erzählt sie uns beziehungsweise über uns? Was macht die archäologischen Entdeckungen, von denen manchmal in den Medien berichtet wird, eigentlich bedeutsam? Um das herauszufinden, müssen wir uns erlauben, mit unserer persönlichen Geschichte und unseren emotionalen Triebfedern in Berührung zu kommen. Ohne die gäbe es weder Archäologie noch Kunstgeschichte oder Geschichte, sie ergäben schlicht keinen Sinn. Stendhal wusste das, und wir alle wissen es im Grunde auch. Wir müssen uns nur bewusst machen, dass die Vergangenheit mindestens so viel mit unseren eigenen Herausforderungen und Prägungen zu tun hat wie mit denen früherer Generationen; dass wir das Produkt der Vergangenheit sind, der Entscheidungen, die Menschen getroffen haben, manchmal vor Jahrhunderten; dass andererseits aber auch unsere Entscheidungen, die Geschichte auf eine bestimmte Weise zu erzählen, Gegenwart und Zukunft produzieren. Die Vergangenheit ist, so betrachtet, gar nicht wirklich vorbei: Wir, die wir sie immer neu erzählen und entdecken, sind mittendrin. *Interbeing*, »Zwischen-Sein«, könnte man das mit Thich Nhat Hanh, einem buddhistischen Mönch und Lehrer, nennen. Dazu gibt es kein Patentrezept, aber ich werde versuchen, es am Beispiel meiner Arbeit in Pompeji zu erklären. Kleiner Tipp vorweg: Es hat nichts mit der Säulenzahl zu tun!

1

Was ist dran an klassischer Kunst?

Der Pompeji-Effekt

»Sicher, dass die mich meinen?«, schoss mir neben vielen anderen Fragen durch den Kopf, als an einem regnerischen Nachmittag im Februar 2021 in meinem Büro in Paestum das Telefon klingelte und sich das Sekretariat des Kulturministers meldete. Die Woche zuvor war ich als einer von zehn Kandidatinnen und Kandidaten in Rom gewesen, um der Auswahlkommission meine Ideen für die Leitung Pompejis vorzustellen. Das war an einem Donnerstag. Nach Abschluss der Vorstellungsgespräche hatte die Auswahlkommission dem Minister, dem bei der Besetzung das letzte Wort zusteht, drei Namen unterbreitet. Aber das alles läuft streng geheim ab; man erfährt erst hinterher, wer es in die letzte Runde geschafft hat. Trotzdem fing mein Herz an zu klopfen, als der

Anruf kam: Absagen kommen normalerweise nicht per Telefon, sondern in einer freundlichen Mail mit den besten Wünschen für den zukünftigen beruflichen Werdegang. Das Gespräch war ziemlich kurz. »Ich ernenne Sie zum Direktor von Pompeji«, sagte der Minister, und dass ich auf die Unterstützung des Ministeriums würde zählen können. Und noch was: kein Wort zu niemandem bis zur offiziellen Präsentation drei Tage später im Kolosseum in Rom.

Als ich aufgelegt hatte (ich hatte gesagt: *farò del mio meglio*, etwa: »Ich werde mein Bestes geben«), war mir ein bisschen schwindelig. Ich ging ins Freie, in die Tempelruinen von Paestum, wo es schon dämmerte. Pompeji! Das ist für die Klassische Archäologie (d. h. die Archäologie, die sich mit dem antiken Griechenland und Rom beschäftigt) so was wie der Vatikan für die katholische Kirche. Ein Ort, der wesentlich dazu beigetragen hat, die moderne Archäologie und Grabungstechnik zu entwickeln. Aber auch ein Ort, der extrem fragil ist. Zweitausend Jahre alte Mauern, deren Erbauer sich niemals hätten träumen lassen, dass die heute noch stehen würden, viele davon bedeckt mit Stuck und Freskomalereien, die wie heutzutage Tapeten je nach der aktuellen Mode erneuert wurden. Das alles ist der Witterung und den Besucherströmen ausgesetzt, teils seit über zweihundert Jahren (die Ausgrabungen in Pompeji begannen 1748). Pompeji ist also eine riesige Herausforderung für den Denkmalschutz; eine Verantwortung, die von Generation zu Generation weitergegeben wird wie ein zerbrechliches, schutzbedürftiges Erbstück.

Vor allem aber: Pompeji bietet einen einzigartigen Querschnitt durch eine Provinzstadt der antiken römischen Welt. Mit seinen Häusern, Läden, Bäckereien, Bordellen, Kneipen,

Brunnen, Plätzen, Tempeln und Friedhöfen (die in der Antike immer außerhalb der Mauern lagen) ist Pompeji für die Archäologie eine unermessliche Fundgrube.

Das Besondere ist, dass wir Dinge wie Statuen, Malereien, Wohn- und Tempelarchitektur, aber auch einfache Gebrauchsgegenstände in ihrem antiken Zusammenhang finden, und nicht, wie sonst in der Regel, in sogenannten sekundären Kontexten. »Sekundär« ist der Fundkontext eines Objektes, wenn es nach seiner Benutzung nicht mehr da ist, wo es eigentlich hingehört, sei es, weil es weggeworfen wurde, sei es, weil nach dem Verlassen einer Siedlung »postdepositionale Prozesse« wie Witterung, Zerfall, Überschwemmungen oder Bauarbeiten dazu geführt haben, dass sich den Ausgräberinnen und Ausgräbern viele Jahrhunderte später ein ziemlich verwirrendes Bild bietet. Ein Kochtopf zum Beispiel gehört eigentlich auf den Herd oder ins Küchenregal. Die meisten Kochtöpfe, die in der Antike übrigens oft aus Keramik waren, da Metall teuer und schwierig zu bearbeiten war, werden bei Ausgrabungen aber eben nicht in Küchen gefunden, sondern als Scherben auf Müllhalden oder in Auffüllschichten, in denen aller mögliche Unrat landet.

In Pompeji hingegen haben die Ausgrabungen tatsächlich eine Menge Kochtöpfe auf dem Herd, Brote im Ofen, Geldstücke in der Kasse und sogar ungemachte Betten im Schlafzimmer zutage gefördert. Das wird in der Archäologie manchmal als »Pompeji-Effekt« bezeichnet. Am Tag des Vesuvausbruches wurde die Stadt gleichsam eingefroren: eine einmalige Möglichkeit für die moderne Archäologie, in die antike Lebenswelt einzutauchen.

Die Sache mit der Klassik

Meine Zweifel, ob der Minister denn wirklich sicher war, den Richtigen ausgesucht zu haben, kamen vermutlich daher, dass mich an der klassischen Antike das »Klassische« ehrlich gesagt nie so richtig interessiert hat. Was macht so jemand in Pompeji, fragt man sich da, ist das doch neben Athen und Rom die UNESCO-Stätte, in der die klassische Antike nicht nur präsentiert, sondern regelrecht zelebriert wird. Vielleicht gibt das Buch eine Antwort darauf – eine Antwort, die nicht klar und eindeutig sein kann, weil unser Verhältnis zur klassischen Tradition in vielem ähnlich zweischneidig ist wie das zwischen Kindern und Eltern: Wir verdanken ihr so vieles, aber sie hat uns auch viel aufgebürdet, an dem wir noch lange herumlaborieren werden. Und wie das Eltern-Kind-Verhältnis, so tendiert auch unsere Beziehung zur »Klassik« dazu, emotional zu werden. Ich bin da keine Ausnahme. Das hat vermutlich damit zu tun, dass ich schon als Kind gespürt habe, dass »klassische Bildung« oft weniger der selbstlosen Suche nach Wahrheit und Schönheit dient, sondern vielmehr ein sozialer Ausschlussmechanismus ist. So eine Bildung muss man sich leisten können: Klavierunterricht, Familienreisen an Orte wie Pompeji, Athen oder Paris, Studium … Und überhaupt: Glaubt jemand ernsthaft, die Auswahl im dreigliedrigen deutschen Schulsystem erfolge objektiv gemäß der Veranlagung und der Leistung von Schülerinnen und Schülern? Tendenziell gehen doch immer noch mehr Kinder von Hochschulabsolventen aufs Gymnasium und Kinder aus sogenannten bildungsfernen Familien auf die Hauptschule.

Ich war auf dem Gymnasium und, ja, ich hatte Klavierunterricht, einige Jahre bei meinem Vater, der als Klavierlehrer seinen Lebensunterhalt bestritt. Aber als Scheidungskind im ländlichen Oberschwaben – Mutter Krankenschwester, Vater »Künschtler« (sehr verdächtig) – war klassische Bildung unterschwellig vor allem etwas, das den Zugang zur Welt der »ordentlichen Leute« zu regeln schien.

In unserem Dorf gehörten wir zu den ersten Scheidungsfamilien. Da unsere Mutter erst nachmittags von der Arbeit kam, luden wohltätige Eltern von Schulkameraden meine Schwester und mich an bestimmten Wochentagen zum Mittagessen ein. Da saßen wir dann schüchtern bei den »ordentlichen Leuten«, von denen uns ein unsichtbarer sozialer Graben trennte (übrigens auch ein kulinarischer: Meine Mutter wurde natürlich von den schwäbischen Hausfrauen in der Küche um Längen geschlagen). Wir Kinder merkten aber, dass es eine Möglichkeit gab, trotzdem Anerkennung zu bekommen: durch »Kultur«. Wenn ich etwas auf dem Klavier vorspielte oder, noch besser, den Kirchenchor begleitete, fanden Lehrer und Eltern das toll. Und wenn ich mich in der Schule ins Zeug legte, konnte ich hoffen, dass unsere ständig um die Finanzen bekümmerte Mutter strahlend vom Elternabend nach Hause kam und sagte: Ich bin ja so stolz! Als ich es dazu brachte, von den Eltern meiner Mitschüler als Latein-Nachhilfelehrer angeheuert zu werden, klopfte mir mal der Herr des Hauses, der im Vorstand einer karitativen Stiftung saß, auf die Schulter und sagte: »Na, Herr Professor?« Eine akademische Karriere war wohl ein Weg, durch den er meine Aufnahme in die »gute Gesellschaft« für vorstellbar hielt.

Es gab also Gründe, mich mit klassischer Bildung und klassischer Musik zu beschäftigen, die mit unserer Familiensituation zusammenhingen und gar nichts mit Kunst im hehren Sinn zu tun hatten. Natürlich war mir das damals so nicht bewusst, und es waren auch nicht die einzigen Gründe, die mich zum Lesen von »Klassikern«, zum Klavierspielen oder zum Lateinlernen animierten. Da war noch etwas, ein revolutionäres, transformierendes Potenzial »klassischer« Kunst, aber das ist mir erst sehr viel später klar geworden. Lange erschien mir klassische Kultur einfach als ein von oben verordneter Bildungskanon, mit dem man sich eben beschäftigen musste. Beethoven musste halt sein, viel mehr Spaß machte Blues. Schumanns *Träumerei*, die im Klavierunterricht drankam, fand ich ungefähr so traumhaft wie die Geranien auf dem Balkon meiner Patentante. Im Vergleich zu Laotse kam mir Sokrates langweilig und nervtötend vor mit seiner endlosen Fragerei. Anstatt in Gustav Schwabs *Sagen des klassischen Altertums*, die meine Mutter im Regal stehen hatte, las ich lieber in den indianischen Mythen Nordamerikas. Wenige Kunstwerke schienen mir nichtssagender als der Apoll vom Belvedere, den Johann Joachim Winckelmann, Begründer der Klassischen Archäologie, im 18. Jahrhundert zum Ideal klassischer Schönheit hochjubelte. Was an einem nackten Mann mit Sandalen, der an peinliche FKKler am Kieselstrand erinnerte, schön, gar ergreifend sein sollte, war mir rätselhaft. Auf der Klassenfahrt nach Rom streunte ich lieber durch das verwinkelte Ghetto, das mittelalterliche jüdische Viertel am Tiber-Ufer, als übers antike Forum Romanum, das mir ernüchternd klein und übersichtlich vorkam. Und viel faszinierender als einen klassischen Tempel in all seiner Symmetrie und Transparenz fand ich die alten Bauernhäuser, die sich an die oberschwäbischen Hügel duckten und in denen jahrhundertealte Geheimnisse zu schlummern schienen. Ein denkbar weiter Weg zu den Stadtpalästen Pompejis mit ihrem bunten Stuck, der griechischen Marmor imitiert, erhalten in allen farblichen Schattierungen dank des »Pompeji-Effekts«. Oder doch nicht? Ist das eine dem anderen näher, als es scheint?

Chronik einer Katastrophe

Wie kommt es eigentlich zum sogenannten Pompeji-Effekt? Wie genau muss man sich die Stunden des Vesuvausbruchs vorstellen, die uns eine Stadt der klassischen Welt auf so unvergleichliche Weise erhalten haben, inklusive Brote im Ofen und Töpfe auf dem Herd? Die Frage ist gar nicht so leicht zu beantworten.

Zum einen helfen uns dabei antike Textquellen, allen voran zwei Briefe, die Plinius der Jüngere an den Historiker Tacitus verfasst hat. Er beschreibt darin, wie sein Onkel, Plinius der Ältere, der als Flottengeneral in Misenum (westlich von Neapel) stationiert war, sich mit einem Schiff aufmachte – zunächst um sich das Naturspektakel von Nahem anzuschauen (Plinius' Onkel war, außer ein hoher römischer Beamter, auch ein leidenschaftlicher Forscher, von dem eine 37-bändige *Naturgeschichte* erhalten ist), dann, als er den Ernst der Lage erkannte, um in Not geratenen Menschen zu helfen. Dabei fand er selbst den Tod. Dem unter Übergewicht und Atemproblemen Leidenden schlug die letzte Stunde am Strand von Stabiae, unweit von Pompeji, von wo er mit Freunden per Schiff zu flüchten versuchte, was wegen des mit dem Vulkanausbruch einhergehenden hohen Seegangs nicht möglich war. Als, wie sein Neffe Plinius der Jüngere berichtet, am »dritten Tag« nach Beginn der Katastrophe der Leichnam des Generals gefunden wurde, erschien er »intakt ... scheinbar ein Schlafender, nicht ein Toter«.[6] Anstelle von »am dritten Tag« würden wir heute »zwei Tage später« sagen. Die antiken Römer und Griechen zählten nämlich den ersten Tag immer mit, weswegen es im Neuen Testament heißt: »Am dritten Tage auferstanden von den Toten«, das heißt am Sonntag nach dem Karfreitag.

Zum anderen hilft die Vulkanologie, die Wissenschaft von Vulkanausbrüchen. Wie Archäologen graben auch Vulkanologen in den Asche- und Lavaschichten rund um den Vesuv – was gelegentlich zu Reibungen und (rein wissenschaftlichen) Rangeleien führt, aber im Großen und Ganzen eine enorme Bereicherung für beide Seiten darstellt. Während Archäologinnen und Archäologen sich hauptsächlich dafür interessieren, was die Verschüttung Pompejis über den Zustand unmittelbar vor der Katastrophe aussagt, graben Vulkanologinnen und Vulkanologen in den Asche- und Gesteinsschichten, um die präzise Dynamik der Katastrophe selbst nachzuvollziehen.

In den letzten Jahren, in denen dank eines italienisch-europäischen Großprojekts unter Leitung meines Vorgängers, Massimo Osanna, erstmals seit Langem wieder großflächige Grabungen in Pompeji stattfanden, ist dabei mehr und mehr deutlich geworden, dass je nach Entfernung und örtlichen Gegebenheiten ganz unterschiedliche Bedingungen herrschten. Für Pompeji können wir heute in etwa folgenden Ablauf rekonstruieren.[7]

Die Hölle, die in der völligen Vernichtung der Stadt und im Tod vieler ihrer Einwohnerinnen und Einwohner enden sollte, brach am späten Vormittag eines Herbsttages 79 n. Chr. los. Allerdings war den Beteiligten lange nicht klar, was da eigentlich vor sich ging. Der Vesuv, muss man wissen, sah vor der Eruption von 79 n. Chr. ganz anders aus: Er hatte nicht die typische, heute sichtbare Kegelform eines Vulkans, sondern präsentierte sich als Bergmassiv mit relativ flacher Kuppe, abgesehen von einigen Felsen, die aus der waldigen Landschaft hervorragten – und die beim Sklavenaufstand des Spartakus 73 bis 71 v. Chr. eine Rolle spielten, aber das ist eine andere Geschichte. Das lag daran, dass der Vulkan seit beinahe dreihundert Jahren nicht ausgebrochen war. Die letzte Eruption hatte um das Jahr 217 v. Chr. stattgefunden, doch schon wenige Generationen später hatten die meisten Historiker davon bereits keine Kenntnis mehr. Niemand ahnte daher 79 n. Chr. die tödliche Gefahr, die unter der Erdkruste schlummerte. Über die langen Jahre des Vergessens hatte sich unter der Erde eine gewaltige Menge Energie angestaut, die schließlich hervorbrach.[8]

Die Kuppe des Berges explodierte förmlich; das aus dem Erdinneren aufschießende Magma sprengte den »Pfropfen« aus Gestein und Erde, der den Weg nach oben versperrte, mit gewaltiger Kraft in die Luft. Eine Wolke »ungewöhnlicher Größe und Gestalt« bildete sich, die Plinius mit einem Pinienbaum vergleicht; uns würde sie heute vielleicht eher an einen Atompilz erinnern. Asche, geronnenes Magma und Gestein türmten sich bis zur Höhe von 32 Kilometern auf, also bis in die Stratosphäre, die zweite Schicht der Erdhülle, zu der auch die Ozonschicht gehört.

Bald begann es, kleine, geronnene Lavasteinchen, sogenannte Lapilli, zu regnen. Der Wind stand dabei ungünstig für Pompeji: Er trieb den Steinregen von der Eruptionswolke Richtung Süden, wo die Stadt unweit der Mündung des Flusses Sarno lag – unvorbereitet auf das, was da kommen sollte.

Intuitiv taten die meisten das, was vermutlich jeder tun würde, wenn es Steine regnet: Sie stellten sich unter in Häusern oder Säulenhallen, die Straßen, Plätze und Höfe säumten. Die Lapilli sind zwar nur erbsen- bis walnussgroß und relativ leicht, aber zwischen ihnen flogen »Bomben«, Lavasteine größeren Durchmessers, die einen Menschen schwer verletzen oder sogar töten konnten.

So naheliegend es auch erschien – sich unterzustellen, erwies sich für viele als tödliche Falle. Denn der Steinregen sollte 18 bis 19 Stunden dauern, also bis zum Morgen des folgenden Tags. Um etwa 15 cm pro Stunde wuchs die Schicht aus Lapilli, die sich auf Straßen, Feldern, Plätzen und Dächern absetzte. In 18 Stunden macht das über zweieinhalb Meter. Unter dem Gewicht stürzten viele Dächer ein: Man hat errechnet, dass das auf den Dächern lastende Gewicht je Quadratmeter um etwa 100 kg pro Stunde zunahm. Aber auch da, wo die Dächer standhielten, sahen sich die Menschen bald in Gefahr, die Räume, in die sie sich geflüchtet hatten, nicht mehr verlassen zu können, da die Lapilli Fenster und Türen verschütteten.

Doch das war noch nicht alles, Schlimmeres stand bevor. Nach fast zwanzig Stunden, in denen sich die atompilzförmige Wolke aufgetürmt hatte, begann sie, in sich selbst zusammenzustürzen. Man kann sich das so ähnlich vorstellen, wie wenn man mit einem Gartenschlauch Wasser senkrecht nach oben spritzt und dann den Hahn abdreht. Die Säule aus Lavasteinen und Asche, die sich über dem Vesuv gebildet hatte, kollabierte allerdings nicht in einem Schlag, sondern stückweise, bis schließlich der ganze Turm in sich zusammenbrach. Dabei entstanden pyroklastische Wellen, die sich vom Fuß der Säule ausbreiteten – mit bis zu hundert Kilometer pro Stunde. Bei Hochhaussprengungen sieht man manchmal ähnliche Druckwellen aus Staub, nur dass in unserem Fall das Hochhaus 32 km hoch war. Die Gewalt dieser Wellen war enorm. Und sie waren extrem heiß, etwa dreihundert bis vierhundert Grad Celsius.

Die erste der Wellen, Resultat des noch unvollständigen Zusammenbruchs der Säule, wurde von der antiken Stadtmauer Pompejis gestoppt. Das muss frühmorgens an Tag 2 der Katastrophe gewesen sein. Zwei weitere Wellen folgten; sie übersprangen die Stadtmauer, hatten jedoch den Großteil ihrer Zerstörungskraft auf der Strecke zwischen Vulkan und Stadt eingebüßt. Die verheerendste war die vierte Welle, die zwischen sieben und acht Uhr morgens Pompeji erreichte. Gebäudeteile, die noch aus den an die drei Meter hohen Lapilli-Schichten ragten, wurden weggefegt. Menschen und Tiere starben an Hitzeschock oder Erstickung. Innenräume, die von den Lapilli frei geblieben waren, wurden mit heißem Aschestaub gefüllt, der Menschen, Tiere, aber auch Einrichtungsgegenstände umschloss. Auch wer sich bei Tagesanbruch zur Flucht über die Lapilli-Haufen entschlossen hatte, vielleicht ein Kissen auf den Kopf gebunden, wie Plinius laut der Erzählung seines Neffen, wurde hingerafft. Sehen konnten die Fliehenden übrigens nicht viel, da die Eruption den Himmel fast ganz verdunkelt hatte. »Viele flehten die Götter an«, schreibt Plinius der Jüngere, der den Ausbruch in Misenum erlebte, »andere meinten, es gebe gar keine Götter mehr und der Welt sei eine ewige neue Finsternis angebrochen.«[9]

Goethe notiert unter dem 13. März 1787 in seiner *Italienischen Reise*: »Sonntag waren wir in Pompeji. Es ist viel Unheil in der Welt geschehen, aber wenig, das den Nachkommen so viel Freude gemacht hätte.«[10] Aber darf man sich über so viel Leid wirklich freuen? Je mehr wir über die Katastrophe lernen, desto schwerer fällt vielleicht eine klare Antwort.

In Pompeji arbeiten zu dürfen, ist ein Privileg. Aber die Katastrophe ist allgegenwärtig. Natürlich tritt sie im Alltag hinter Baustellenterminen, Besprechungen, Videokonferenzen, Verwaltungsrats- und Betriebsratssitzungen zurück. Aber ganz weg ist sie nie. Während meiner Mitarbeit im Pompeji-Großprojekt 2015 lernte ich eine Kollegin kennen, die dafür besonders sensibel war. Sie hatte bei ihrer Arbeit als Architektin Visionen von den antiken Bewohnerinnen und Bewohnern, wie sie an den Straßen saßen, die Köpfe in die Hände gestützt.

Entdeckung in Pompeji!

Die Freude muss jedenfalls groß gewesen sein am 8. November 1853, als eine ungewöhnlich schöne Bronzestatue des Gottes Apollo aus den Lapilli hervorkam. Zwar nicht der Apollo vom Belvedere, aber ein ähnlich wichtiges Werk, das nicht nur dem Haus, in dem es gefunden wurde, den Namen gab: *Casa del Citarista*, d.h. »Haus des Kithara-spielenden Apollo« (die Kithara ist eine Art Leier; von dem griechischen Wort stammt »Gitarre« ab). Die Statue ist auch in vielen Handbüchern zur antiken griechischen Kunst abgebildet.

Die Aufregung um den bedeutenden Fund ist in dem

nüchtern gehaltenen Tagebucheintrag der Ausgräber nur zwischen den Zeilen zu erahnen: »Gegen zwei Uhr nachmittags, auf dem Fußboden des Peristyls des Hauses an der Ecke der sogenannten Stabianer Straße und der Straße zum Amphitheater, dessen Eingang mit der Nr. 110 bezeichnet wird, kam sie zutage. Bronze. Eine männliche nackte Statue auf einer runden Basis. Ihre Haare sind über der Stirn mit einem Band zusammengebunden und fallen ringförmig in doppelter Reihe auf die Schultern und auf die vordere Brust. Sie hat den rechten Arm bis zur Hüfte gesenkt und hält mit der entsprechenden Hand das Plektrum, während der linke Arm zur Brust erhoben ist, und in der entsprechenden Hand war eine kleine Platte angebracht mit einem quadratischen Loch, in das eine Leier oder ein anderes Musikinstrument eingehängt werden konnte, das bislang nicht gefunden wurde.«[11]

Das Instrument fehlt bis heute. Trotz Pompeji-Effekt gibt es Lücken in der Dokumentation, für die verschiedene Erklärungen infrage kommen. Nach dem Ausbruch kamen manche zurück, um in der Mondlandschaft, die sich anstelle der Stadt ausbreitete, nach Habseligkeiten zu graben. Das Forum, der antike Hauptplatz, der von Ehrenstatuen und Marmorverkleidungen strotzte, wurde sogar systematisch ausgeplündert. Manche Lücken gehen aber auch auf antike Reparaturarbeiten zurück. Im Jahr 62 n. Chr. war Pompeji von einem heftigen Erdbeben heimgesucht worden; 79 n. Chr. war man noch vielerorts am Ausbessern und Renovieren. Auch Statuen wurden dabei umgestellt und teilweise auch umgearbeitet.

Wir wissen heute, dass das Erdbeben von 62 n. Chr. ein Vorbote des Vulkanausbruchs 17 Jahre später war. Unter der

Erde rumorte das Magma. Die antiken Bewohnerinnen und Bewohner Pompejis aber hatten davon keine Ahnung. Sie bauten mit Zuversicht und viel Mühe ihre Stadt wieder auf.

Wieso jetzt aber »griechisch«? Die Statue wurde ja in einem römischen Haus in Italien gefunden!

Klassik im Plural

Dazu muss man wissen, dass die Römer auch ihre »Klassik« hatten. Heute sind Cicero und Ovid Schullektüre, aber in ihrer eigenen Zeit waren sie das nicht. Da waren sie so zeitgenössisch wie heute Zadie Smith oder Peter Sloterdijk. Sowohl Cicero als auch Ovid fanden übrigens ein trauriges, wenig klassisches Ende: Cicero landete während des Bürgerkriegs auf einer Proskriptionsliste, d. h. einer Liste »vogelfreier« Staatsfeinde, die einfach hingemetzelt wurden; Ovid wurde verbannt, er hatte wohl zu freimütig gedichtet und war außerdem mit der Tochter des Kaisers Augustus um die Häuser gezogen, wenn nicht Schlimmeres.

Für die antiken Römer, die für uns heute zur klassischen Antike dazugehören, war die »Klassik« die griechische Kultur des 5. und 4. Jahrhunderts v. Chr. Wie wir heute Latein, Französisch und Englisch lernen, lernten sie Griechisch. In Pompeji gibt es etliche Inschriften und Wandkritzeleien in Griechisch, manche offenbar von Schulkindern geschrieben, die sich mit altgriechischer Grammatik plagten.

Das, was uns heute als großes Ganzes der antiken Kultur erscheint, war also unterteilt in Klassisches und weniger Klassisches, Zeitgenössisches und Altehrwürdiges. Von Klassik müsste man daher im Plural sprechen; was klassisch ist, liegt immer im Auge des Betrachters. Jede Generation definiert ihre eigene Klassik. Manchmal handelt es sich vielleicht nur um kleine Verschiebungen, manchmal um radikale Umdeutungen. Renaissance und Neoklassizismus sind solche großen Umdeutungen, die plötzlich alles infrage stellen und aus dem scheinbar Bekannten ganz andere, manchmal revolutionäre Werte ableiten. Die Moderne hat schließlich das Antiklassische zu einem Paradigma gemacht, aber auch in Verkehrung und Ablehnung ist der Bezugspunkt Klassik noch wirkungsmächtig. Antiklassik bringt uns irgendwie doch immer zurück zur Klassik; vielleicht heißt es deswegen, alle Wege führen nach Rom. Als ich mich 2001 an der Humboldt-Universität in Berlin für Klassische Archäologie und Altgriechisch einschrieb, tat ich das, weil ich faszinierend fand, wie das Alltagsleben in einer fernen Vergangenheit aussah: Wie lebten die Menschen, wie funktionierten Migration, Handel, Kommunikation in einer Zeit, in der es keine Wörterbücher, Seekarten, Dampfschiffe, geschweige denn Telefon und Internet gab? Statuen und Tempel fand ich, wie gesagt, eher langweilig.

Das änderte sich, als ich ein Seminar zum Klassizismus der römischen Kaiserzeit, in die auch der Bronze-Apollo aus Pompeji gehört, besuchte. Aufgrund ihrer Bewunderung für die griechische Klassik schmückten die Römer ihre Tempel und Häuser mit griechischen Kunstwerken. Das führte zu regelrechten Raubzügen in Griechenland – Kunstraub gab es schon in der Antike. Von Cicero gibt es Briefe an seinen Freund Attikus, der sich in Griechenland aufhielt, die sich wie Bestellungen bei einem Kunstdealer lesen: »Die megarischen Statuen und die Hermen, von denen Du mir geschrieben hast, erwarte ich voll Ungeduld. Was immer Du von der gleichen Sorte hast und was Dir der ›Akademie‹ würdig erscheint, zaudere nicht, zu schicken; dabei vertraue ganz auf meinen Geldbeutel. Das ist die Sorte, die ich haben will; alles, was in ein ›Gymnasium‹ passt, das brauche ich.«[12]

»Akademie« und »Gymnasium« sind griechische Begriffe, mit denen Cicero Teile seiner Villa bezeichnete, die sich an griechische Architekturformen anlehnten und die er mit »passenden« griechischen Statuen auszuschmücken gedachte. Auch das Peristyl (Säulenhof) im Haus des Citarista, wo die Statue des Apollo gefunden wurde, gehört zu den Elementen privater Luxusarchitektur, die aus Griechenland nach Italien kamen. Cicero und andere Angehörige der Oberschicht erschufen sich so ihr kleines Miniaturgriechenland im Garten hinterm Haus. Das diente nicht nur ihrer persönlichen Erquickung, sondern sollte auch ihren Besuchern vermitteln, dass sie was von klassischer Kultur verstanden – im Gegensatz zu den Proletariern und Neureichen, denen dazu die Mittel oder auch die nötige Vorbildung fehlten. Klassische Antike als soziales Distinktiv – dabei war die klassische Antike, zumindest aus unserer Sicht, noch gar nicht vorbei!

Faszinierend ist daran zum einen die soziale Funktion von klassischer Bildung, die uns heute in unserer eigenen Lebenswelt ähnlich begegnet. Zum anderen beinhaltet das aber auch die Möglichkeit der kreativen Umdeutung des Klassischen – ein Phänomen, das ebenfalls in späteren Epochen Parallelen hat.

Apollo: Mörder, Heiler, Musiker

Die Statue des Apollo Citarista ist eine Nachempfindung eines griechischen Werkes aus dem mittleren 5. Jahrhundert v. Chr. Das Original wurde vermutlich für einen Tempel geschaffen, denn zur Zeit der griechischen Klassik war es undenkbar, solche Werke im privaten Heim aufzustellen. Götterstatuen hatten die Funktion, die Präsenz der Gottheit zu vergegenwärtigen. Es waren tiefreligiöse Werke, bei denen der künstlerische Aspekt sekundär war. Apollo ist der Gott der Medizin, der Musik und der Harmonie, daher wird er oft mit Leier oder Kithara dargestellt. Er »führt die Musen beim Reigen«, steht musikalischen und sportlichen Wettkämpfen vor, wie zum Beispiel in Delphi, seinem wichtigsten Heiligtum. Er ist sportlich und jung, im Gegensatz zu Zeus oder Poseidon wird er bartlos dargestellt und mit langem Haar.

Doch hat er auch eine Schattenseite. Er entsühnt nicht nur Muttermörder wie Orest von Mykene, »reinigt« sie von dem Blut, mit dem sie sich befleckt haben, um so die ihm am Herzen gelegene Harmonie wiederherzustellen; er ist selbst ein Mörder und Totschläger. Der Niobe, die sich rühmte, mehr Kinder zu haben als Apollos Mutter, schoss er zusammen mit Artemis, seiner einzigen Schwester, alle vierzehn tot. So sind die Zwillinge im Apollo-Heiligtum Pompejis dargestellt. Apollo und Artemis mit Pfeil und Bogen, den Waffen der göttlichen Geschwister, standen sich vor dem Tempel als Statuen gegenüber.

Um seinen weltberühmten Tempel in Delphi zu gründen, zu dem auch Fürsten aus nicht griechischen, »barbarischen« Ländern pilgerten, tötete Apollo den Python, den Drachen, der die Stätte des Heiligtums vor ihm besaß. Danach musste er, der Heiler, sich selbst von dieser Blutschuld reinigen lassen, denn nach griechischer Vorstellung kann niemand sich selbst entsühnen.

Wer Apollos Rache entgehen wollte, tat gut daran, sein Orakel in Delphi zu befragen. Dort gab die Pythia, eine Priesterin, welche in einer Art Trance wahrsagte, den Fragenden Antwort, allerdings oft in rätselhaften Sprüchen, die man leicht falsch verstehen konnte. Dem Lyderkönig Kroisos, der wegen eines geplanten Feldzugs gegen das mächtige Perserreich in Delphi um Rat fragte, antwortete sie: »Du wirst ein großes Reich zerstören.«

Kroisos schlug zu, um zu spät zu erkennen, dass das Reich, das er zerstörte, sein eigenes war. Das ist keine Legende; Kroisos gab es wirklich, und der Krieg zwischen Lydien und Persien hat tatsächlich stattgefunden, wir kennen sogar das Jahr, in dem er ausbrach: 547 v. Chr. Natürlich kann aber niemand nachprüfen, was die Pythia dem König im Halbdunkel des Tempels, eingehüllt in berauschende Dämpfe, die angeblich aus einer Felsspalte im Inneren des Gebäudes aufstiegen, zugeraunt hat und ob nicht geschickte Priester ihren gelallten Spruch umgedeutet haben – gleich an Ort und Stelle oder nachträglich, um das Ansehen des Heiligtums zu wahren.

Zu den Schattenseiten Apollos gehört auch, dass der Gott der Medizin derselbe ist, der Pest und Krankheit sendet. Das geschieht aber niemals willkürlich, sondern um einen verborgenen oder vertuschten Missstand offenzulegen. Als zum Beispiel Ödipus unwissend als Ehemann seiner eigenen Mutter in Theben als König herrscht, lässt Apollo so lange eine Seuche die Stadt heimsuchen, bis der Inzest ans Licht gebracht ist. Der Tragödiendichter Sophokles hat im 5. Jahrhundert v. Chr. genial auf die Bühne gebracht, wie der »nichts-wissende« Ödipus Nachforschungen anstellt, bei denen am Ende herauskommt, dass er selbst der Grund der Plage ist, da er den eigenen Vater erschlagen hat und mit seiner Mutter ins Bett geht.

Gerechterweise muss gesagt werden, dass Ödipus' Eltern ihn als Neugeborenes in der Wildnis ausgesetzt hatten – und wieder war der Grund ein Orakel! Demnach würde das Kind seinen Vater töten, was natürlich trotz oder vielmehr gerade wegen der Aussetzung geschah. Ein Hirte fand das hilflose Baby, es wurde von anderen Eltern aufgezogen; zum Mann herangereift, tötet er bei einem Streit einen Fremden – der in Wirklichkeit sein Vater ist.

Wer hinter alldem mehr als ein zynisches Spiel des Gottes mit den unwissenden Menschen sehen will, stößt auf einen Spruch, der auf einer Säule des Tempels von Delphi eingraviert war: *Gnôthi seautón*, »Erkenne dich selbst!«. Wie von Ödipus verlangt Apollo von allen vor allem dies: auf der Suche nach den Gründen für Missstände, Disharmonie und Krankheit bei sich selbst nachzuforschen. Würde die Pythia heute noch wahrsagen, ginge ihre Antwort auf die Corona-Pandemie vermutlich in diese Richtung: Sucht nach dem tieferen Grund, Impfen allein wird nicht reichen …

So schön kann ein Mann sein

Der Herr im Haus des Apollo Citarista, der die Statue hatte aufstellen lassen, wusste sicher das eine oder andere über den griechischen Gott; schließlich gab es in Pompeji auch ein

Apollo-Heiligtum, das zu den ältesten der Stadt gehörte. Vermutlich konnte er auch *Gnôthi seautón* ins Lateinische übersetzen (das wäre dann: *nosce te ipsum*). Aber die Motivation, so viel Geld in eine Bronzestatue im griechischen Stil zu investieren, war wohl kaum religiöser Art.

Apropos Kosten: Man täusche sich nicht über den Preis von Kopien griechischer Originale. Archäologen schätzen, dass es mit den damals zur Verfügung stehenden technischen Mitteln etwa doppelt so teuer war, eine Statue zu kopieren, als eine frei zu erfinden. Je genauer die Kopie sein sollte, desto kostspieliger war die Herstellung. Dazu wurden Messgeräte verwendet, mit denen man die genauen Maße am Original abnahm, um sie dann auf die Kopie zu übertragen.

Während der Citarista aus Pompeji eine eher freie Nachahmung eines griechischen Werkes ist, stehen die exaktesten Kopien nicht zufällig in den exquisitesten Villen. Ein Kaiser wie Hadrian konnte es sich sogar erlauben, in seiner Villa nahe Tivoli (Villa Hadriana) zwei nahezu identische Kopien der Statue eines Diskuswerfers aus dem 5. Jahrhundert v. Chr., geschaffen von einem Bildhauer namens Myron, aufzustellen. So präsentierte er nicht nur seine Liebe zur griechischen Kunst, sondern auch die Tiefe seiner kaiserlichen Schatulle, die solchen Aufwand möglich machte.

In der Antike hatte die Kopie also einen völlig anderen Wert als in der Gegenwart, in der sie ja gemeinhin als minderwertig gilt. Man muss sich aber klarmachen, dass dies erst so ist, seit die moderne Technik es möglich gemacht hat, Kopien in industriellem Maßstab herzustellen. Was in der Kunst als hoch- und was als minderwertig gilt, hängt, wie das Beispiel zeigt, also immer auch von den technischen Möglichkeiten der Zeit ab. Von daher leben wir heute in einer sehr spannenden Epoche, da digitale Technologien, wie zum Beispiel NFTs (Non-Fungible Tokens), gerade ganz neue Formen von (digitalen) Kunstwerken entstehen lassen.

Was war denn aber die Motivation für den Hausherrn in Pompeji, sich eine so teure Statue in den Garten zu stellen? Abgesehen von schierer Protzerei (ich kann mir das leisten!) spielte die Sinnlichkeit des männlichen Körpers dabei eine zentrale Rolle. Es ging oft gar nicht so sehr darum, ob es nun Apollo oder Dionysus war, ein anderer jugendlicher Gott. Viel wichtiger scheint gewesen zu sein, sich mit Darstellungen schöner Körper zu umgeben. Die Häuser Pompejis strotzen vor Sinnlichkeit und Erotik. Damit sind nicht in erster Linie die teils derben, pornografischen Bildwerke gemeint, die im berüchtigten »Geheimkabinett« des Museums von Neapel weggeschlossen wurden. Diese heute dem Publikum frei zugängliche Sammlung expliziter Sexdarstellungen (ein Highlight ist der Gott Pan beim Sex mit einer Ziege) wurde im 19. Jahrhundert nur moralisch gefestigten, reifen Besuchern aufgeschlossen. Auch vor Ort in Pompeji finden sich pornografische Darstellungen, so zum Beispiel im Lupanar, dem örtlichen Bordell, wo über jeder der fünf kleinen Kammern, in denen sich Frauen prostituierten, je eine bestimmte Stellung abgebildet ist. Die Bilder zeigen alle heterosexuelle Paare, was aber nicht heißt, dass nicht auch Jungen und Männer unter den Prostituierten waren. Wenn ja, waren sie aber deutlich in der Unterzahl.

Das Lupanar gehört übrigens zu den meistbesuchten Orten Pompejis, wobei ich ehrlich gesagt nicht so recht weiß, was ich davon halten soll. Am Anfang meiner Tätigkeit in Pompeji, als wir das Lupanar nach längerer, Pandemiebedingter Schließung wieder öffneten, machte mir Sorgen, dass ein Ort extremer sexueller Ausbeutung (viele der Prostituierten waren Sklavinnen) zu einer schlüpfrigen Publikumsattraktion werden würde, wo von all dem Leid und den sozialen Gegensätzen keine Spur bleibt. Ich muss aber sagen, dass mich die Besucherinnen und Besucher positiv überrascht haben: Bei meinen Rundgängen und Zufallsbegegnungen merke ich, dass viele ähnliche Fragen haben und, je nach kulturellem Background, oft auch mehr oder weniger offen darüber sprechen.

In den Häusern Pompejis sind Sexdarstellungen wie im Lupanar selten, auch wenn sie durchaus vorkommen. (Manche Archäologen leugnen in solchen Fällen hartnäckig, dass es sich um Wohnhäuser handelt, und gehen stattdessen davon aus, dass alle Räume mit solchen Bildern der Prostitution dienten.) Allgegenwärtig sind dagegen in Pompejis Häusern sinnlich bis offen erotische Bilder. Ariadne und Dionysus, Venus und Mars, Nymphe und Satyr, Narziss mit seinem Spiegelbild, die Mondgöttin Selene und der schöne Endymion, der ewig schlafen muss, damit Selene ihn betrachten kann – die Liste der Liebespaare, die auf den Wänden Pompejis erscheinen, ließe sich beliebig fortsetzen. Und sie ist keineswegs auf die menschliche Gattung beschränkt: Man findet auch Zentaur und Zentaurweibchen.

2017 erregte die Entdeckung eines besonders qualitätvollen Wandgemäldes Aufsehen: Dargestellt sind die unbekleidete Leda und ein Schwan, der im Begriff ist, sie zu begatten. Der Schwan ist Zeus in Tiergestalt; aus der Vereinigung der beiden wird Helena hervorgehen, die schönste Frau Griechenlands; sie hat menschliche Gestalt, schlüpft aber aus einem Ei. Wie das alles biologisch funktionieren soll, war schon in der Antike umstritten.

Auf den Wänden Pompejis wimmelt es außerdem von Eroten, kleinen geflügelten Bürschlein, die die Liebe selbst verkörpern: *Eros* auf Griechisch, *Amor* auf Latein, beides grammatikalisch männlich. Das Thema Erotik (das Wort leitet sich von *Eros* her) scheint die Römer also am meisten interessiert zu haben am griechischen Mythos. Wenn eine mythologische Wandmalerei in Pompeji keinen erotischen Gehalt hat, ist das schon eine Ausnahme.

Das liegt zum einen daran, dass es im griechischen Mythos tatsächlich nicht an Sex mangelt. Dazu kommt, dass die Römer diesen Aspekt bei ihrer Aneignung griechischer Mythenbilder noch mal besonders betonten. Erotik war nämlich ihrer eigenen Kultur ursprünglich fremd. Die Römer und andere Völker des antiken Italien hatten keine Mythologie, die mit der griechischen vergleichbar war. Viel von dem, was später als altrömische Mythologie galt, ist nachträglich erdichtet worden. Genauso wenig hatten die Römer der »guten alten Zeit« eine der griechischen vergleichbare Kunst und Literatur.

Für die Griechen waren die Römer »Barbaren«, denen es an Sinn für Kunst, Zivilisation und erotischer Finesse fehlte. Als im Lauf des 2. Jahrhunderts v. Chr. die Römer Griechenland ihrem Reich einverleibten, schien daher die Welt kopfzustehen. Die Griechen sahen sich von Eroberern beherrscht, die sie kulturell unter sich wähnten, während die Römer Angst hatten, von der raffinierten Kultur ihrer neuen Untertanen angesteckt, vielleicht sogar moralisch korrumpiert zu werden. So ähnlich kam es denn auch. »Das mit dem Schwert besiegte Griechenland unterwarf den rohen Sieger und brachte die Künste ins bäurische Latium«, dichtete im 1. Jahrhundert v. Chr. Horaz.[13]

Philosophie, Theater und Literatur, Malerei und Skulptur, aber auch Astrologie und dionysische Trance-Rituale – all das galt den Römern als orientalisch und potenziell gefährlich für die altrömische Moral.

Eines der brisantesten Themen aber war männliche Homoerotik. Die hatte im klassischen Griechenland ihren festen Platz in der Gesellschaft, allerdings nach strengen Regeln. Eine erotische Beziehung zwischen zwei Männern war sozial anerkannt, wenn der eine jung war, der andere reif und erfahren. Dabei ging es nicht nur um Erotik, sondern auch um Pädagogik. Der Ältere führte den Jüngeren in das gesellschaftliche Leben ein: Politik, Krieg, Sport … Den Rahmen dafür boten die Palästra, wo man sich (nackt) im athletischen Wettkampf übte, und das Symposion, das Trinkgelage, zu dem im antiken Griechenland nur die Männer zugelassen waren. Frauen nahmen teil als Tänzerinnen, Prostituierte oder Musikerinnen, aber den Ehefrauen der Bürger und ihren Töchtern war der Zugang verwehrt. Beim Symposium wurde nicht nur Wein getrunken, sondern auch debattiert, gedichtet und gesungen. Nicht wenige Trinklieder preisen die Schönheit junger Männer, manchmal in unmissverständlichen Tönen.

Den Römern war das alles höchst suspekt, da sie aus ihrer eigenen Kultur völlig andere Wertvorstellungen mitbrachten. Zum einen war das römische Bankett seit jeher auch den Ehefrauen und Töchtern zugänglich. Es war also kein Platz für reine Männerabende. Zum anderen war es aus römischer Sicht verwerflich, sich als Bürger einem anderen Bürger zum Sex hinzugeben, unabhängig vom Alter: Hierin besteht der Unterschied zur griechischen Kultur. Das heißt nicht, dass Homosexualität an sich nicht geduldet war; doch wer als Bürger eine homosexuelle Beziehung anstrebte, konnte das nur mit einem Nichtbürger tun, also mit einem Sklaven oder Fremden – andernfalls riskierte er den Verlust seines sozialen Status. Das erklärt, warum Cicero einerseits gegen homosexuelle Kollegen (d. h. römische Bürger) wetterte, andererseits die Attraktivität seines Privatsekretärs (eines Sklaven) pries. Später, im 2. Jahrhundert n. Chr., hatte Kaiser Hadrian einen offiziellen Geliebten: Antinoos aus Bythinien in der heutigen Türkei, der nicht zufällig kein römisches Bürgerrecht besaß. Andernfalls hätte sich Hadrian nämlich eines Verstoßes gegen die geltende Moral schuldig gemacht.

Die meisten Männer, von denen wir wissen, dass sie homosexuelle Beziehungen hatten, waren übrigens im modernen Sinn bisexuell: Sie waren verheiratet, hatten teils auch außereheliche Beziehungen mit anderen Frauen. Die moderne Unterscheidung zwischen Homosexualität und Heterosexualität war der Antike überhaupt fremd; es gab nicht einmal entsprechende Begriffe. Niemand musste sich auf eine bestimmte sexuelle Orientierung festlegen. Damit machte erst das Christentum Schluss, indem es Sexualität als der Einheit mit Gott hinderlich und daher verwerflich definierte. Nur heterosexuelle Beziehungen waren von da an erlaubt, und das zum einzigen Zweck der Fortpflanzung.

Den antiken Römerinnen und Römern der Zeit vor der Christianisierung, die mit pflanzlichen Substanzen, nach Kalender oder durch *Coitus interruptus* verhüteten, wäre die moderne päpstliche Polemik gegen Kondom und Antibabypille völlig unverständlich erschienen. Dasselbe gilt für Abtreibungen: Da sie in der Antike nur unter großem Risiko möglich waren, gab es eine horrende Zahl von Aussetzungen ungewollter Neugeborener, von denen archäologische Funde von Babyleichen in versiegten Brunnen und auf Müllhalden Zeugnis ablegen. Dass Ödipus als Baby ausgesetzt wurde, war dem antiken Publikum aus dem Alltagsleben durchaus vertraut. Doch auch wenn es sich um eine verbreitete Praxis handelte, war jeder Fall ein Einzelschicksal, das mit schwer vorstellbaren psychischen und physischen Schmerzen verbunden war.

Bei dem Versuch, die Raffinesse des griechischen Symposiums ins »bäurische Latium« einzuführen, ohne dabei die elementaren Normen der römischen Tradition zu verletzen, spielte Kunst eine wichtige Rolle: Statuen und Bilder schufen ein griechisch anmutendes Ambiente, in dem die klassische Homoerotik Griechenlands allgegenwärtig war, ohne dass dies notwendigerweise mit einer Übernahme der entsprechenden Praktiken verbunden war.

Besonders deutlich wird das am Beispiel der *pueri delicati*, der »delikaten Jungs«. Das waren Sklaven im Teenageralter, die dazu ausgebildet wurden, bei Trinkgelagen aufzuwarten und ihren Herren sexuelle Dienste zu leisten. Sie übernahmen also gewissermaßen die Rolle der griechischen jungen Männer beim Symposion. Solche Sklaven waren besonders teuer. Oft erwartete sie ein schlimmes Schicksal: Waren sie erst einmal dem Jungenalter entwachsen und damit sexuell nicht mehr attraktiv, wurden sie, die über keine andere Ausbildung verfügten, auf die Straße gesetzt, als wären sie ein nutzloser Gegenstand, den man einfach wegwirft.

Im Haus des Marcus Fabius Rufus am Ostrand Pompejis wurde eine Statue gefunden, die einen solchen Jungen darstellt. Derartige Statuen wurden in Bankettsälen als »stumme Diener« aufgestellt; im Fall der Statue aus Pompeji als Lampenständer. Der bronzene Knabe im Haus des Fabius Rufus stand nackt im Eck; das flackernde Licht der Lampen, die er hielt, erweckte ihn scheinbar zum Leben – vor allem nach einigen Bechern kampanischen Weins. Die Statue ist ein Ersatz für den echten Jungen, der wiederum eine Art Ersatz für die im römischen Italien nicht geduldete griechische Form der Homoerotik ist.

So kreisten die Bilder ständig um das brisante Thema Homoerotik in seinen Facetten zwischen griechischer und römischer Tradition, ohne dabei zu klaren Aussagen zu gelangen. Delikater Junge und Sexualobjekt – oder doch nur ein harmloser Lampenständer im griechischen Stil?

Noch größer ist die Ambivalenz im Fall des Apollo Citarista. Die Statue gibt ja einen Gott wieder, keinen »Lustknaben«. Andererseits ist sie durch und durch von der Ästhetik des jugendlich-männlichen Körpers geprägt, wie sie im Kontext der klassisch-griechischen Homoerotik entstand. Das erklärt, warum, wer es sich leisten konnte, solche Statuen im privaten Heim aufstellte. Der Grund war nicht religiöser Eifer; die griechischen Mythen und Göttergestalten waren kaum mehr als ein Vorwand. Das sieht man auch daran, wie die Mythen und Götter in Pompejis Häusern ausgewählt wurden. Staatstragende Götter wie Jupiter, Juno und Minerva, mächtig, aber wenig sexy, sind Randerscheinungen; es dominieren Apollo, Dionysus und natürlich Venus, meistens leicht oder gar nicht bekleidet. Eigentlich ging es hier darum, zu zeigen, wie schön die Göttin der Liebe ist, die sich so gar nicht an den Dresscode römischer Bürgerinnen (Schleier und knöchellanges Kleid) hält – und darum, wie schön auch ein Mann sein kann.

Studieren im Möbel Olfe

Die Zahl der Wohneinheiten im ausgegrabenen Bereich Pompejis beläuft sich auf über tausend. Das reicht von der Einzimmerwohnung mit integriertem Laden bis zu luxuriösen Stadtvillen wie dem »Haus des Fauns«, das einen ganzen Wohnblock einnimmt. Den Überblick zu behalten, ist entsprechend schwierig. Wer hier wissenschaftlich mitmischen will, muss sich reinknien.

Die Energie, das zu tun, kam in meinem Fall aus dem Drang zur Rebellion. Denn das, was in Vorlesungen und Seminaren zu Pompeji vermittelt wurde, hätte mich niemals dazu motivieren können, mich in der vorlesungsfreien Zeit durch die elf dicken Bände von *Pompei: Pitture e Mosaici* (»Pompeji: Malereien und Mosaiken«) von Anfang bis Ende durchzuarbeiten. Die Bände enthalten die komplette Dokumentation der Wandmalereien und Mosaiken von Pompeji, in Schwarz-Weiß-Fotos und detaillierten Beschreibungen, Haus für Haus, Zimmer für Zimmer. Ich war auf der Suche nach Darstellungen von Hermaphroditus, einer Gestalt der griechischen Mythologie, die männliche und weibliche Körpermerkmale vereint. In Pompeji gibt es etwa zwanzig solcher Darstellungen.

Als ich an der Humboldt-Universität studierte, erschien eine am Institut für Klassische Archäologie verfasste Doktorarbeit über Hermaphroditus in der griechisch-römischen Kunst. Titel: *Das Weib im Manne*. Die Autorin kam darin zu dem Schluss, dass Hermaphroditus eine »Kunstfigur« sei, die nichts mit wirklicher Sexualität oder Zweigeschlechtlichkeit zu tun habe.

Ich fand diese Deutung des Hermaphroditen intuitiv

falsch. Im Nachhinein glaube ich, dass es die Trennung zwischen Kunst und sozialer Realität war, die mich störte. Es war, als ob dieses Buch sagen wollte: Wir können über den Hermaphroditen als Kunstfigur reden, ohne so schwierige und unbequeme Themen wie Mehrgeschlechtlichkeit oder Sexualität zu berühren. Das war 2005, damals war das Studienfach Genderstudies noch relativ neu. Die meisten Professoren, zumal in einem naturgemäß eher konservativen Fach wie Archäologie, machten aus ihrer Ablehnung dieser Neuerung keinen Hehl, wenn sie auch ihre Kritik hinter hämischen Sticheleien versteckten, die witzig sein sollten, auf mich aber peinlich wirkten. Besser als »peinlich« passt vielleicht »deprimierend«: Ich fand es deprimierend, zu erleben, dass auch in der großen Stadt und an einer so hehren Institution wie der Universität, die sich ihrer aufklärerischen Werte rühmte, Vorurteile und Macho-Witzeleien ihren Platz hatten. Dabei wollte ich genau dem ja entfliehen. Doch drohte die Stadt sich als Fortsetzung des Dorfes mit anderen Mitteln zu entpuppen.

Ich machte mich auf die Suche nach Gleichgesinnten, und wir gründeten schließlich eine studentische Arbeitsgruppe zum Hermaphroditen, für die sich der Name »Hermi« einbürgerte. Seitdem hat mich das Thema nicht mehr losgelassen, auch wenn ich mich zwischenzeitlich mit ganz anderem beschäftigt habe. In meiner ersten Ausstellung in Pompeji, die ich gemeinsam mit der italienischen Archäologin Maria Luisa Catoni kuratiert habe, ging es um »Kunst und Sinnlichkeit in den Häusern Pompejis«. Mein Beitrag im Ausstellungskatalog handelt von Hermaphroditen und Zentauren. An unsere Arbeitsgruppe von damals mailte ich: »Hermis Marsch durch die Institutionen!«

Die meisten aus der Gruppe arbeiten heute in anderen Bereichen, zu manchen habe ich kaum noch Kontakt. Aber ich werde ihnen allen ewig dankbar sein für eine Erfahrung, aus der ich mehr gelernt habe als aus den meisten Seminaren und Vorlesungen, die auf dem Stundenplan standen.

Herz der Gruppe war Matthias Mergl. Als ich ihn kennenlernte, war ich im ersten, er im dreizehnten Semester. Als ich meinen Doktor machte, studierte er immer noch. Matthias kam aus einem Dorf in Oberfranken, hatte Krankenpfleger gelernt, dann aber angefangen, Klassische Archäologie zu studieren, weil er »verstehen wollte, wie das alles wirklich zusammenhängt«. Außerdem studierte er Ur- und Frühgeschichte, Genderstudies und Skandinavistik (alles im Hauptfach!), lernte Altgriechisch, Norwegisch und Isländisch und arbeitete in einer Bibliothek. Mittlerweile arbeitet er wieder im Gesundheitswesen, halbtags, um den Rest der Zeit seinen Forschungen zu widmen. Meiner Meinung nach ist er trotzdem, oder gerade deswegen, ein größerer »Gelehrter« als viele Professoren in Amt und Würden, die fleißig einen Artikel nach dem anderen publizieren, aber im Grunde die Lust an der Wissenschaft verloren haben.

Manchmal sage ich im Spaß, dass ich bei Matthias Mergl studiert habe, aber ein Funken Wahrheit ist dran. Wir saßen stundenlang in Cafés oder bei ihm zu Hause in der Oranienstraße und diskutierten über Genderstudies oder französische Poststrukturalisten. Über ihn lernte ich Leute mit völlig anderen Interessen kennen: seinen Lebenspartner Wolfgang Müller zum Beispiel, der in den Achtzigerjahren bei der Punkband »Die tödliche Doris« mitgemacht hatte und sich in Performances mit Elfen beschäftigte. Oder Natalie Nagel, die Literaturwissenschaft studierte und sich über Dinge wie gegenderte Gewalt in Adalbert Stifters Romanen Gedanken machte (heute ist sie Professorin für deutsche Literatur in Princeton). Abends trafen wir uns oft in einer Bar am Kottbusser Tor. Auf dem Dach des Siebzigerjahre-Plattenbaus leuchtete in riesigen Lettern eine Reklame für »Möbel Olfe«, obwohl es das Geschäft gar nicht mehr gab. Die Bar hatte einfach den Namen übernommen. Die Stadt war doch nicht die Fortsetzung des Dorfes mit anderen Mitteln.

An diesen Abenden kam ich mit Sichtweisen in Berührung, die das, was ich im Archäologie-Seminar lernte, in ganz anderem Licht erscheinen ließen. Vielleicht wirkt so eine Aussage übertrieben, aber man sollte die Routine im wissenschaftlichen Betrieb nicht unterschätzen. Vor allem in den Altertumswissenschaften (also Archäologie, Altgriechisch und Latein und antike Geschichte) herrschte damals die Tendenz, sich einzuigeln. Die altertumswissenschaftlichen Fächer litten und leiden enorm unter dem Bedeutungsverlust, den der Niedergang des bürgerlich-humanistischen Bildungsideals mit sich gebracht hat. Vorbei ist die Zeit, als man Latein noch vor Englisch und Französisch lernte und als die klassische Kunst unangetastetes Ideal war. Wissenschaftler, die sich mit der klassischen Antike beschäftigen, bekommen schon lange nicht mehr die gesellschaftliche Anerkennung und mediale Aufmerksamkeit, die ihnen im 19. und frühen 20. Jahrhundert ganz automatisch zuteilwurde. Anstatt offensiv und kreativ mit dieser Umwälzung umzugehen, haben viele Vertreter des Faches sich in ihre eigene Welt zurückgezogen. So hinkt die Klassische Archäologie, die einstmals tonangebend für Innovationen aller Art war, heute den anderen Geisteswissenschaften hinterher.

Das bekamen wir auch in unserer Arbeitsgruppe zu spüren. Wir schafften es schließlich, offiziell ein studentisches Seminar anbieten zu dürfen. Wir gaben natürlich keine Zensuren, aber wer das Seminar besuchte, konnte sich die Stunden im Studienverzeichnis anrechnen lassen. Bis dahin war es allerdings ein langer Weg. In Erinnerung ist mir eine Plenarsitzung der Mitglieder des »August-Boeckh-Antikezentrums« geblieben (wenig ansprechender Name, ich weiß, aber die offizielle Abkürzung ABAZ scheint mir kaum besser; als Süddeutschem fällt mir dazu immer bayerischer Frischkäse ein). Wir sollten der versammelten Professorenschaft unser Projekt vorstellen.

Unser methodischer Ansatz basierte auf den Arbeiten Michel Foucaults, der in Frankreich in den Siebziger- und Achtzigerjahren die Diskursanalyse begründet hat. Ganz vereinfacht gesagt, geht es dabei darum, dass wir das, *was* wir sagen, nicht von dem trennen können, *wie, wo und in welcher Funktion* wir es sagen. Ein Beispiel aus Foucaults eigenen Forschungen ist die Medizin: Die hat nicht immer darüber bestimmt, wer geistig gesund (»normal«) und wer geistig krank (»verrückt«) ist, sondern hat sich diese Autorität, die über Freiheit und Unfreiheit, manchmal sogar über Leben und Tod entscheidet, erst im Lauf des 19. Jahrhunderts erobert.

In ähnlicher Weise wollten wir untersuchen, was die Bilder von Hermaphroditen über antike Körperideale und -normen aussagen. Diskursanalyse war in anderen Fächern längst Teil des wissenschaftlichen Alltags. Im August-Boeckh-Antikezentrum hingegen fühlte sich ein Professor für Kirchengeschichte bemüßigt, uns zu warnen, den Begriff »Diskurs« doch lieber zu meiden. Das sei nur so ein Modewort, das so schnell wieder verschwinden würde, wie es aufgetaucht sei. Überhaupt sei Foucault sowieso schon längst wieder out.

Michel Foucault starb 1984 an Aids und gilt heute als Klassiker der europäischen Geistesgeschichte. In seinem mehrbändigen Werk *Sexualität und Wahrheit* hat er sich auch mit der Antike beschäftigt. Irgendwann, steht zu hoffen, wird das auch im Mainstream der Altertumswissenschaften als anregende Bereicherung und nicht nur als störende Modeerscheinung wahrgenommen werden.

Das Fragen nach dem »Wie« in der Diskursanalyse hilft, aus der Illusion auszubrechen, dass Bedeutung und Inhalt einer Aussage sich notwendigerweise decken. Im Grunde wissen wir das alle aus unserer praktischen Lebenserfahrung. Wer in einer Beziehung lebt, weiß zum Beispiel, dass die Frage »Was hast du heute gemacht?« auf tausend verschiedene Weisen gestellt werden kann, von liebevoll interessiert bis vorwurfsvoll aggressiv. Es kommt auf den Ton, die Körpersprache, die Situation, die Vorgeschichte an.

Wo es hapert, ist, diese praktische Erfahrung in wissenschaftliches Forschen umzusetzen. Das westliche Denken ist eben sehr stark »logozentrisch«, das heißt, man geht davon aus, dass hinter Worthülsen und wechselnden Ausdrucksweisen (»Form«) eine absolute, unverrückbare Wahrheit (»Inhalt«) existiert. Diskursanalyse bedeutet nicht, wie ihr manchmal von ihren Kritikern vorgeworfen wird, die Möglichkeit von Wahrheit an sich zu bezweifeln und somit alles zu relativieren. Vielmehr geht es darum, sich klarzumachen, dass wir die Wahrheit immer nur verpackt kriegen: Die Verpackung besteht aus Worten, Texten, aber auch aus Bildern, Gesten, Archiven, Schulbildung oder Denkmustern.

Hermaphroditus in Pompeji

In unserer Arbeitsgruppe wollten wir uns anschauen, wie Hermaphroditus in Pompeji »verpackt« ist. Wie fügten sich die Bilder dieser griechischen Mythengestalt in den Alltag der Bewohnerinnen und Bewohner Pompejis ein? In welchen Räumen und in welchem Umfeld ist Hermaphroditus dargestellt, und was sagt uns das über seine Bedeutung?

Das Ergebnis entsprach überhaupt nicht dem, was ich erwartet hatte. Ich hatte geglaubt, es ginge bei dieser Gestalt um verweiblichte Männerkörper: Hermaphroditus wäre demnach eine Extremform des anmutigen, etwas feminin wirkenden Schönheitsideals, das uns schon an der klassizistischen Statue des Apollo Citarista begegnet ist. Diese Lesart stimmt mit dem *Inhalt* des Mythos überein (Achtung Logozentrismus!). In Ovids *Metamorphosen* ist Hermaphroditus ein junger Mann, der in eine Quelle steigt. Dort wird er von der Quellnymphe Salmakis, deren Liebe er zurückgewiesen hat, in einen »Halbmann« verwandelt. Die Nymphe verschmilzt mit seinem Körper; dabei verlischt ihre Identität, während sich an Hermaphroditus' Körper weibliche Brüste und Körperformen zeigen.

Das Problem ist, dass diese Geschichte überhaupt nicht mit der »Verpackung« des Hermaphroditus in Pompeji zusammenpasst. Mit Verpackung ist hier die Art gemeint, wie Hermaphroditus in den Bildern erscheint. Also Vorsicht: Es geht nicht darum, zu behaupten, dass der Inhalt ein ganz anderer ist. Die Bilder stellen zweifelsohne Hermaphroditus dar. Aber sie tun das in einer Weise, die in krassem Widerspruch zu dem offiziellen Mythos steht, wie ihn der Dichter Ovid überliefert hat. In den Bildern wird immer und immer wieder eine ganz andere Geschichte erzählt, nämlich die einer Frau, die sich in einen Mann verwandelt. Kein »Weib im Manne« also, sondern ein »Mann in der Frau« wird hier bildlich inszeniert. Ein ausgemalter Raum im Haus der Vettier in Pompeji kann das besonders gut veranschaulichen.

Das Haus der Vettier

Die Vettier waren zwei Sklaven, die freigelassen wurden; das geschah in der römischen Kaiserzeit häufig.[14] Nicht nur sollte die Hoffnung auf ein Leben in Freiheit die Sklaven anspornen, ihren Herren treu zu dienen, bestimmten die doch allein über eine Freilassung. Mit den Jahren drohte ein Sklave auch zur Last für seinen Herrn zu werden. Die Sklavenbesitzer riskierten, altersschwache Sklaven mitversorgen zu müssen, auch wenn sie kaum mehr zur Arbeitssteigerung beitrugen. Die Freilassung war darum eine doppelschneidige Klinge: Den Freigelassenen, *liberti* auf Latein, wurde, wenn es schlecht lief, eine Freiheit zuteil, die Obdachlosigkeit und Hungertod bedeuten konnte. »Freiheit« hieß dann, nicht mal mehr einen Herrn zu haben, der einen durchbrachte. Andererseits gelang es manchen Freigelassenen, sich eine Existenz aufzubauen, und einige wenige brachten es sogar zu beachtlichem Reichtum, den ihnen mancher Freigeborene neidete. Zu dieser letzteren Kategorie gehören die Vettier, Aulus Vettius Conviva und Aulus Vettius Restitutus. Einen Teil ihres Vermögens erwirtschafteten sie vermutlich im Weinhandel, der in Pompeji eine große Rolle spielte, auch wenn der Wein aus Pompeji als minderwertig galt. »Reisender, koste das Brot in Pompeji, aber trink den Wein in Nocera« (eine Nachbarstadt Pompejis), rät eine Wandschmiererei.[15]

Das Haus der Vettier gehörte zwar nicht zu den größten Pompejis, war aber auch nicht gerade klein und vor allem überaus reich mit Malereien und Skulpturen geschmückt. Die sozialen Aufsteiger hatten offenbar keine Scheu, ihren neu erworbenen Reichtum auch zu zeigen.

Die Wandmalereien im Haus der Vettier wurden nach dem Erdbeben von 62 n. Chr. fast komplett erneuert. Sie gehören damit zu den eindrücklichsten Beispielen des »vierten Stils«. Der vierte Stil bezeichnet die letzte Phase der pompejanischen Wandmalerei. Über die Stadt verteilt finden sich auch Reste der älteren drei Stile.

Im 19. Jahrhundert bemerkte der Archäologe August Mau (er ist der einzige Ausländer, der eine Büste in der Porträtgalerie wichtiger Forscher und Direktoren auf der Terrasse vor dem »Antiquarium« von Pompeji erhalten hat), dass die verschiedenen Wandmalerei-Stile in Pompeji aus unterschiedlichen Epochen stammten. Der vierte Stil war um 50 n. Chr. in Mode gekommen und dominierte das Bild zum Zeitpunkt des Vesuvausbruchs 79 n. Chr. Er ist gekennzeichnet durch Mythendarstellungen, die wie Gemäldetafeln in der Mitte der Wände prangen, während sich seitlich und im oberen Wandbereich fantastische Scheinarchitekturen auftun.

Vor dem vierten war der dritte Stil in Mode gewesen, der um 15 v. Chr. aufgekommen war. Er ist wesentlich schlichter: Auf meist rotem oder schwarzem Grund sind Architekturelemente wie Säulen oder Giebel knapp und dabei doch filigran angedeutet; sie wirken oft fast wie abstrakte Ornamente. Häufig tauchen ägyptische Motive und Ornamente auf. Mythenbilder sind seltener und individuell unterschiedlicher gestaltet.

Der dritte Stil hebt sich in seiner Schlichtheit und Abstraktheit deutlich vom zweiten ab, der zwischen 80 v. Chr. und 15 v. Chr. in Mode war. Hier handelt es sich um realistische, teils perspektivisch komplexe Architekturlandschaften aus Säulen, Tempeln und Basen, die oft geradezu illusionistisch wirken: Die Wand scheint sich zu öffnen. Damit verrät der zweite Stil seine Herkunft aus der Bühnenmalerei, an die auch gemalte Theatermasken erinnern. Extrem selten ist die Darstellung mythologischer Szenen.

Der erste Stil ist seit dem 2. Jahrhundert v. Chr. nachzuweisen. Durch Malerei, aber auch durch Stuckreliefs, ahmt er Marmormauerwerk nach. Stillleben oder figürliche Szenen kommen nur sehr vereinzelt vor.

Gemalt wurde auf Putz, der die Mauern aus Bruchsteinen und Mörtel verdeckte. Auch Schenken und relativ kleine Wohnungen wurden ausgemalt; nur die bescheidensten Behausungen und die Sklavenquartiere hatten unbemalten Putz – oder gar keinen, sodass das nackte Mauerwerk sichtbar blieb.

Die Vettier investierten anscheinend eine Menge Geld, um ihr Haus nach dem neuesten Geschmack ausmalen zu lassen. Aber mit all ihrem Reichtum kamen sie nicht an das heran, was manche alteingesessenen Familien (oder solche, die sich dafür ausgaben) aufbieten konnten: Die ließen nämlich absichtlich in ihren Häusern ältere Wandmalereien an ihrem Platz, restaurierten sie manchmal sogar – ein bisschen so, wie wenn heute jemand in einem Haus mit Wandgemälden oder Tapeten aus dem 18. Jahrhundert wohnt.

Die älteren Stile findet man also vor allem in den Häusern

der Reichen, wie zum Beispiel dem Haus des Fauns, das größte Haus Pompejis, das einen kompletten Häuserblock einnimmt. Es ist fast ganz im ersten Stil dekoriert, der zum Zeitpunkt des Vesuvausbruchs schon an die zweihundert Jahre alt war. Damit zeigten die Besitzer, dass sie aus einer altehrwürdigen Familie stammten, die auf eine lange Geschichte zurückblicken konnte.

Das konnten die Vettier nicht – als neureiche Freigelassene waren sie vielmehr bemüht, ihre Vorgeschichte als Sklaven vergessen zu machen. Die griechischen Mythen und Götter, die ihr Haus zierten, sollten demonstrieren, dass sie auch kulturell in der Oberschicht angekommen waren.

In einem Raum mit Blick auf den Peristyl-Garten, wo man sich zum Weintrinken und Essen traf, ist auf der rückwärtigen Wand zu sehen, wie ein nackter Mann auf ein Rad gebunden wird. Der gebildete Betrachter erkannte darin Ixion, der dafür bestraft wurde, dass er die Göttin Juno, Gemahlin Jupiters, vergewaltigen wollte. Juno wohnt der Bestrafung auf einem Thron sitzend bei. Nach diesem Bild wird der Raum manchmal auch als »Ixion-Zimmer« bezeichnet.

In der Mitte der Wand links neben diesem Bild wird eine noch kuriosere Geschichte erzählt: Zu sehen ist Daidalos, der geniale Handwerker und Vater des Ikaros (der mit den künstlichen Flügeln von der Insel Kreta fliehen wollte, aber der Sonne zu nah kam). Er präsentiert der Königin Pasiphaë eine Kuh auf Rädern. Deren Mann, der König Minos von Kreta, hatte den Meergott Poseidon erzürnt: Statt des schönsten Stiers opferte er ihm einen zweitklassigen. Zur Strafe bewirkte Poseidon, dass sich seine Frau in den Stier verliebte. Die von Daidalos gefertigte Kuh war innen hohl, damit Pasiphaë sich darin verbergen und von dem Stier begatten lassen konnte. Daraus sollte der Minotaur entstehen, das Fabelwesen mit menschlichem Körper und Stierkopf.

Stellt man sich vor, wie der angeheiterte Freundeskreis der Vettier solche Geschichten beim Gelage kommentierte, hat man eine wesentliche Funktion dieser Bilder erkannt: Sie fungierten nämlich als Anregungen für Unterhaltungen, bei denen die Gäste sowohl ihre Bildung zeigen (man musste den Mythos ja kennen, um das Bild zu verstehen) als auch mit kreativen oder witzigen Deutungen auftrumpfen konnten.

Fettnäpfchen in Wandmalereien

Wie das funktionierte, kann man im *Satyricon* nachlesen, einem fragmentarisch überlieferten Roman aus dem ersten Jh. n. Chr., verfasst von einem gewissen Petronius (zum Einstieg ist die geniale Verfilmung von Federico Fellini von 1969 zu empfehlen).

Darin gibt es ein langes Kapitel, fast wie ein Roman im Roman, das die Überschrift »Gastmahl des Trimalchio« trägt. Trimalchio ist ein zu Reichtum gekommener Freigelassener, wie die Vettier, der die Mythenbilder in seinem Haus mit viel Komik kommentiert – großenteils unfreiwillig, denn er bringt alle Mythen durcheinander! Damit bedient der Text zum einen das Stereotyp des neureichen Freigelassenen, der sich zwar sein Haus von den Wänden bis zum Tafelgeschirr mit griechischen Mythen veredeln lassen kann, aber von deren Inhalt wenig versteht. Zum anderen wird das Spiel mit den Bildern auf eine neue Ebene gehoben: Nicht nur wird hier vorausgesetzt, dass die Gäste die Mythen erkannten und kommentierten; als Leserin und Leser muss man auch durchschauen, was Trimalchio alles verwechselt und falsch erzählt. Hier bekommen wir also eine Ahnung von der Raffinesse (und von der Menge der Fettnäpfchen), die sich hinter den bemalten Wänden einer Stadt wie Pompeji verbarg.

Der Minotaur lebte eingeschlossen in einem Labyrinth; nach einem verlorenen Krieg mussten ihm die Athener alle neun Jahre sieben Mädchen und sieben Jungen schicken, die ihm dort geopfert wurden. Schließlich beendete der athenische Held Theseus dieses grausame Ritual, indem er den Minotaur tötete. Das hätte er aber niemals ohne Ariadne, die Tochter des Königs Minos, geschafft, die ihm heimlich half. Um aus dem Labyrinth des Minotaurs wieder herauszufinden, gab sie ihm einen Wollfaden mit, den er auf dem Weg hinein abrollte.

Danach war sie bei ihrer Familie nicht mehr sicher; Theseus nahm sie mit auf sein Schiff. Als sie schlief, ließ er sie dann aber einfach auf der Insel Naxos zurück. Ziemlich feige, doch für Ariadne endete alles gut. Niemand Geringerer als der Weingott Dionysus fand sie schlafend und verliebte sich in sie. Die beiden wurden ein Paar, obwohl er ein Gott und sie eine Sterbliche war. Ariadne und Dionysus gehören in Pompeji zu den populärsten Themen. Wir treffen sie im nächsten Kapitel wieder als Wächter über geheime Rituale in der Villa der Mysterien.

Aber man muss gar nicht weit suchen: Die beiden zieren auch die Südwand im Ixion-Zimmer im Haus der Vettier, gegenüber der mit dem Bild von Pasiphaë. Dort kann man sie in dem Moment sehen, in dem Dionysus die schlafende Ariadne entdeckt. »Entdecken« ist durchaus wörtlich zu verstehen. Ein Satyr, eine der Begleitfiguren des Dionysus, hebt den Mantel der Schlafenden an, sodass ihr nackter Körper sichtbar wird. Dionysus, stehend links im Bild, betrachtet sie.

Das ist übrigens ein gutes Beispiel für ein Problem, das uns in Pompeji zurzeit beschäftigt, speziell im Hinblick auf die bereits erwähnte Ausstellung zu »Kunst und Sinnlichkeit in den Häusern Pompejis«.

Die griechische Mythologie ist voll von Vergewaltigungen und sexueller Gewalt. Und auch wenn das im Fall von Dionysus und Ariadne vielleicht nicht unmittelbar deutlich wird, fällt doch auf, dass es ein krasses Ungleichgewicht zwischen der schlafenden, passiven, ausgelieferten Frau und dem sie enthüllenden und begehrenden Mann gibt. Eine derartige Episode – Mann entblößt schlafende Frau – wäre heute eindeutig ein Fall für die Staatsanwaltschaft. *#MeToo* hat das Problembewusstsein dafür noch einmal deutlich geschärft.

Die Frage, die uns umtreibt, ist: Wie kann man über solche Mythenbilder sprechen, ohne einerseits die darin mehr oder weniger implizite sexuelle Gewalt zu verharmlosen, aber auch ohne andererseits in eine moderne Terminologie zu verfallen, die den Mythos in unsere Zeit übersetzt und ihn damit seines historischen Kontextes beraubt.

Traditionell sind Museumstexte (Publikationen, Führer,

Tafeln, Beschriftungen oder Apps) durch eine oft groteske Verharmlosung gekennzeichnet. Das fängt schon bei den Begriffen an: Man liest da von der »Vereinigung« von Poseidon und Medusa im Tempel der Athena (modern ausgedrückt, zwingt Poseidon Medusa zum Sex, wofür die dann auch noch bestraft wird: Athena verwandelt sie in ein Ungeheuer) oder von Ganymed als dem »Liebling« des Zeus (Zeus, Jupiter auf Latein, hat den Jungen entführt, um ihn sexuell zu missbrauchen; außerdem muss Ganymed ihm als Weinschenk dienen).

Wie diese Beispiele zeigen, ist ein Grundproblem, dass unsere modernen Begriffe schlicht keine antike Entsprechung haben. Nehmen wir als Beispiel das Wort Vergewaltigung – ich habe gesagt, davon sei die griechische Mythologie voll. Aber einem antiken Griechen hätte man das gar nicht so direkt vermitteln können, denn das Wort gab es so nicht. Am nächsten kommen unserem Begriff »vergewaltigen« die altgriechischen Wörter *biazein* und *hybrizein*, die allgemein einen Missbrauch oder eine Schandtat bezeichnen, auch in nicht sexuellen Zusammenhängen. Ähnlich bedeutet das lateinische *constuprare*, von dem das italienische Wort für Vergewaltigung *(stupro)* abstammt, generell »entehren, schänden«, aber auch »ehebrechen«.

Das zeigt: Sexuelle Gewalt und Vergewaltigung waren so sehr Teil der antiken Normalität, dass die antiken Sprachen nicht einmal eine spezifische Begrifflichkeit dafür entwickelten! Das macht es nicht nur schwierig, Vergewaltigung im Mythos zu benennen; es birgt auch das Risiko, ins andere Extrem zu verfallen. Denn wenn wir heute entscheiden, antiken Sex generell als Vergewaltigung aufzufassen, laufen wir Gefahr, den weiblichen Figuren im Nachhinein auch noch den letzten Spielraum der Selbstbestimmung abzusprechen, indem wir sie pauschal als Opfer definieren.

Ich finde das übrigens bedenkenswert auch für unsere Gegenwart, denn es stellt sich die Frage: Gibt es auch heute Sachverhalte, von denen zukünftige Generationen sagen werden, dass uns dafür die Begriffe fehlten? Und welche könnten das sein?

Zurück nach Pompeji: Die Schwierigkeit ist nicht nur, den Mythos in unsere modernen Sprachen zu übersetzen, ohne ihn dabei völlig zu entstellen, sondern auch, dass wir es in Pompeji mit ganz verschiedenen Publikumsgruppen zu tun haben. Nicht nur »Klassik« müsste daher im Plural stehen, sondern auch »Publikum« – im Italienischen lässt sich das grammatikalisch machen: Wir gehen im Museumssektor in der Tat immer mehr dazu über, von *pubblici* zu sprechen, statt im Singular von *pubblico*.

Eine der größten, aber in der herkömmlichen Museumsplanung wenig beachteten Publikumsgruppen sind Kinder. Jährlich besuchen Hunderttausende Kinder die antike Stadt und werden mit sexuellen, teils pornografischen Bildern konfrontiert, die als Post auf Facebook keine halbe Stunde überdauern würden. Ich spreche aus Erfahrung: Meine erste Ausstellung in Paestum, in der es um Raubgrabungen, illegalen Kunsthandel und Fälschungen antiker Kunstwerke ging, hatte als Grafik einen Marmortorso einer nackten Göttin, den die italienische Polizei sichergestellt und dem Museum übergeben hatte. Um die Ausstellung in den sozialen Medien zu promoten, mussten wir eine alternative Grafik erstellen, da die Algorithmen von Facebook sofort eine Regelverletzung erkannten und die entsprechenden Posts sperrten. Diese Anekdote ist nicht als Polemik gemeint: Vielmehr ist sie ein weiteres Beispiel dafür, wie schwierig der antike Umgang mit Körpern und Sexualität sich unter heutigen Normen vermitteln lässt.

Eine Patentlösung kann es daher nicht geben. Stattdessen geht es aktuell darum, erst einmal die gröbsten Kommunikationspannen zu vermeiden beziehungsweise bestehende Texte, so weit möglich, inklusiv zu gestalten.

Frau mit Phallus

Zurück ins Haus der Vettier: Was sagt das Haus uns denn jetzt über den Hermaphroditen? Um auf diese Frage zu antworten, müssen wir uns noch mal ins Ixion-Zimmer begeben. An der Rückwand sehen wir Ixion, wie er aufs Rad gebunden wird; links an der Wand sind Pasiphaë und Dädalus abgebildet. Die Wand gegenüber zeigt in einem zentralen Mythenbild die Entdeckung der schlafenden Ariadne auf Naxos durch Dionysus, eine Szene, die extrem häufig in Pompeji dargestellt ist.

Doch auf derselben Wand ist noch ein Bild. Über einer Nebentür ist Hermaphroditus zu sehen, wie er von Pan entblößt wird. Pan reagiert erschrocken, wie sein erhobener Arm anzeigt. Der Grund erschließt sich aus einem Vergleich mit Ariadne. Hermaphrodit liegt am Boden, in ähnlicher Position wie Ariadne; vermutlich hat auch er geschlafen. Auch Frisur und Körperformen gleichen denen Ariadnes oder einer der Nymphen, die auf pompejanischen Wandmalereien so zahlreich vorkommen. All das suggeriert: Eine Sekunde, bevor Pan den Mantel des noch schlafenden Hermaphroditen anhob, erschien der ganz wie eine junge Frau, sei es die schlafende Ariadne oder eine anonyme »Nymphe«.

Das Bild impliziert also eine Vorgeschichte: Pan, triebhaft und impulsiv, nähert sich einer jungen Frau, das heißt einem aus antiker Sicht »erlaubten« Objekt des männlichen Begehrens. Doch als er Hand an sie legt und den Mantel anhebt, entdeckt er seinen Irrtum, denn es handelt sich um eine männliche Gestalt. Hermaphroditus ist, gemäß antiker Grammatik und Sexualkunde, männlich. Aber das ist nicht das eigentliche Problem. Wir haben ja bereits gesehen, dass homosexuelle Beziehungen unter bestimmten Umständen akzeptiert waren. Das Problem ist, dass Hermaphroditus' Phallus erigiert ist. Er ist kein passiver »Lustknabe«, kein *puer delicatus*, sondern einer, der selbst das Begehren in sich trägt. Im Bild wird das durch die Erektion deutlich gemacht.

Damit tritt ein von der antiken Sexualmoral nicht vorgesehener Fall ein: Zwei aktiv begehrende Männer begegnen sich; Phallus trifft auf Phallus. Fast alles ist möglich nach antiker Vorstellung: Frau mit Mann, Mann mit Knaben, ja selbst Mensch mit Tier. Aber Phallus mit Phallus niemals. Die Bilder, auf denen die Begegnung zwischen Hermaphroditen und einem Silen oder Pan dargestellt wird, gehören tatsächlich zu den ganz wenigen Ausnahmen in der antiken Kunst, in denen ein Aufeinandertreffen zweier »aktiv Begehrender« gezeigt wird.

Wie gesagt, ging die sexuelle Passivität von Frauen in der von Männern dominierten antiken Kultur so weit, dass die Frage nach einvernehmlichem Sex nicht einmal formuliert wurde. Es gab dementsprechend auch keine spezifische Begrifflichkeit für Vergewaltigung und sexuelle Nötigung. Ob die Frau einverstanden war oder nicht, erschien schlicht als irrelevant. Aber auch das, was wir mit heutiger Begrifflichkeit als homosexuelle Beziehung bezeichnen würden, unterlag der Hierarchie von Aktiv und Passiv. Im vollen Sinne männlich ist dann immer nur einer, der Aktive, Ältere – in der römischen Welt derjenige, der auch das volle Bürgerrecht besitzt.

Die Bilder, die Hermaphroditus' Begegnung mit einem – immer männlichen – Gegenspieler zeigen, unterlaufen diese Hierarchie. Sie öffnen den Raum für ein imaginäres erotisches Zusammentreffen, das in der Realität niemals stattfinden dürfte. Wenn es aber doch stattfindet, endet es tragisch.

Es gibt sie wirklich!

Nicht Ovid ist die literarische Parallele für die Bilder mit Hermaphroditus; der erzählt ja, wie wir gesehen haben, eine ganz andere Geschichte: eine von der Verweiblichung eines Mannes. Die Bilder hingegen erzählen von einer Frau, die sich als Phallusträger/Mann entpuppt.

Ähnliche Erzählungen, wenn auch in ganz anderem Zusammenhang, begegnen uns in der antiken »wissenschaftlichen« Literatur. »Dass Frauen sich in Männer verwandeln, ist keine Fabel«, beteuert Plinius der Ältere, eine der höchsten wissenschaftlichen Autoritäten seiner Zeit (und Augenzeuge des Vesuvausbruchs).[16] Gewiss, solange man Ovids Märchen vom Jüngling an der Quelle im Kopf hat, scheinen solche Geschichten wenig mit dem Hermaphroditen zu tun zu haben. Doch wenn man sich von dem Diktat der »hohen Literatur« löst und einmal die Bilder Bilder sein lässt, wird schnell deutlich, dass es bei den pseudowissenschaftlichen Berichten über Frauen, die sich in Männer verwandeln, letztlich um dasselbe Thema geht, das auch in den Bildern mit Hermaphroditus im Zentrum steht – und über das Ovid rein gar nichts sagt.

Es geht um die Fantasie von Männern, einmal überrascht zu werden und anstelle des »erlaubten«, stets passiven und somit begehrenswerten, aber nicht aktiv begehrenden Lustobjekts (Mädchen, Frau, Knabe …) mit einem Widerbegehrenden in Berührung zu kommen. Versinnbildlicht wird dieses Widerbegehrende – das begehrende Begehrenswerte – in der Sprache der antiken Kunst und Kultur durch die Frau mit Phallus.

Diodor, ein wissenschaftlicher Autor des 1. Jahrhunderts v. Chr., erzählt eine der Verwandlungsgeschichten, wie sie auch Plinius kolportiert:

»In einem Ort namens Abai in Arabien wohnte ein Mann namens Diophantos von makedonischer Abkunft. Er heiratete eine arabische Frau und zeugte einen nach ihm benannten Sohn und eine Tochter namens Heraïs. Den Sohn verlor er, ehe er zum Jünglingsalter gelangte, durch den Tod. Die Tochter, als sie im heiratsfähigen Alter zu sein schien, verheiratete er an einen Mann namens Samiades. Dieser lebte mit seiner Gattin ein Jahr lang und begab sich dann auf eine lange Reise. Heraïs aber wurde, wie man sagt, von einer seltsamen und ganz unglaublichen Krankheit ergriffen. Es stellte sich nämlich am Unterleib eine heftige Entzündung ein, und als die Stelle immer mehr anschwoll und sie starkes Fieber bekam, da glaubten die Ärzte, dass sich ein Geschwür am Gebärmutterhals angesetzt haben müsse. Sie wendeten daher allerlei Mittel an, womit sie die Entzündung zu bekämpfen dachten. Am siebten Tag aber riss die Außenhaut auf, und aus den Genitalien der Heraïs kam ein männliches Glied mit zwei Hoden zum Vorschein. Als dieser Durchbruch durch Zufall geschah, war kein Arzt und auch sonst kein Fremder zugegen, nur die Mutter und zwei Mägde waren dabei. Diese waren sprachlos vor Staunen über den seltsamen Vorfall, widmeten der Heraïs die angemessene Pflege und verschwiegen, was geschehen war.«[17]

Als Heraïs' Mann von seiner Reise zurückkehrt, schämt sie sich und verweigert den sexuellen Verkehr. Ihr Mann zieht vor Gericht, um sein »eheliches Recht« einzuklagen. Heraïs schweigt und behält die ganze Zeit über ihre weibliche Verkleidung an. Als jedoch die Geschworenen gegen sie entscheiden wollen, löst sie ihr Gewand, um ihre »Männlichkeit«, also ihr männliches Genital, »allen zu zeigen«. Dadurch kann sie den Prozess doch noch gewinnen. Nach der Scheidung von ihrem Mann Samiades, der später Selbstmord begehen wird, ändert sie ihren Namen und lebt als Mann.

So weit Diodors Bericht. Aufschlussreich ist die Frage, mit der sich Heraïs an die Geschworenen wendet, nachdem sie ihr Geschlecht enthüllt hat: ob man denn einen Mann dazu zwingen wolle, mit einem Mann Sex zu haben? Man sieht daran, dass antike Körperbilder und Erotik Regeln gehorchten, die sicherlich unseren heutigen teils unähnlich, aber nicht weniger zwingend waren. Da war wohl Andersartigkeit, aber auch weniger Freiheit, als Winckelmann es sich zwischen Perücken und Korsetts erträumt haben mag. Eine fremde Welt, aber keine, die darum unbedingt besser war.

Doch die Tatsache, dass uns diese fremde Welt immer neu

dazu anregt, gängige Hierarchien und vermeintliche natürliche Gegebenheiten zu hinterfragen, macht es meines Erachtens lohnenswert, sich auch heute noch und immer neu mit klassischer Kunst zu beschäftigen – trotz allem. Oder vielmehr: gerade wegen all des Widersprüchlichen und Verstörenden, das sie in sich trägt!

2

Im Sog des Ritus

Die Geburt der Kunst aus der Religion

Wer heute von antiker Kunst spricht, muss mit dem Argwohn derer rechnen, die beschlossen haben, dass es »Kunst« und »Künstler« im modernen Sinn vor der Renaissance nicht gab. Vor allem europäische Kunsthistorikerinnen und -historiker vertreten gerne diese Sichtweise, die natürlich rein oberflächlich stimmen mag (und gleichzeitig die vorgeblich universale Einmaligkeit der europäischen Moderne unterstreicht, doch das ist ein anderes Problem). Aber eben nur rein oberflächlich. Im »modernen Sinn« gibt es die Figur des Künstlers und all das, was wir damit assoziieren (Genie, Wahn, Originalität, soziale Außenseiterrolle), natürlich nur in der Moderne. Dass aber auch in der Antike ein ähnliches Kunstverständnis existierte, ist nicht zuletzt durch die römische Kunstgeschichtsschreibung belegt. Wie im vorigen Kapitel erwähnt, betrachteten die Römer die Kunst des antiken Griechenlands als klassisches Vorbild ihrer eigenen Kunst und Kultur. So entstand ein wissenschaftliches Interesse an der Entwicklung der griechischen Kunst.

Die Idee, dass mit der Renaissance eine völlig neue Kunstauffassung entstanden sei, fußt auf einem Gedanken, der einen wahren Kern hat, auch wenn er letztlich einer genauen Überprüfung nicht standhält: Die Kunst der Neuzeit, also der Zeit nach dem Mittelalter, ist demnach gekennzeichnet durch die radikale Befreiung des Künstlers von religiösen und gesellschaftlichen Bindungen. Das Mantra von der Freiheit der Kunst ist tatsächlich ein Gedanke, der im Mittelalter oder in der Antike nicht ohne Weiteres vermittelbar gewesen wäre. Insofern bedeutet die Renaissance und die damit anbrechende Neuzeit wirklich einen Einschnitt.

Die Rhetorik von der Befreiung beinhaltet aber bereits eine Wertung. Neutraler könnte man formulieren, dass Kunst und Religion sich in der Neuzeit zunehmend entkoppeln, um schließlich zu zwei völlig getrennten Systemen zu werden. Vor einem universalgeschichtlichen Hintergrund ist das in der Tat außergewöhnlich, wenn auch nicht einzigartig: Wir haben ja bereits im Fall des Apollo Citarista aus Pompeji gesehen, dass religiöse Belange bei diesem nur scheinbar frommen Götterbild eigentlich keine Rolle mehr spielten.

Der Normalfall in der Geschichte ist der einer engen Verzahnung von Kunst und Religion. Es erscheint fraglich, ob es in den frühen Jahrtausenden der Menschheitsgeschichte überhaupt Kunst gegeben hat, die *nicht* religiös war. Denn wohin wir auch blicken, Kreativität und künstlerischer Gestaltungswille zeigen sich zuerst an religiösen Gegenständen, seien es kollektive Ritualorte oder private Heiligtümer. Das gilt im Übrigen nicht nur für die bildende Kunst, sondern auch für Dichtung, Musik und Tanz.

Die klassische Antike macht da keine Ausnahme. Vielmehr lässt sich an ihr dank der schriftlichen Überlieferung rekonstruieren, wie diese archaische Kunstauffassung noch lange in historischer Zeit nachwirkte und schließlich in der christlichen Kunst des Mittelalters fortlebte.

Der Parthenon in London

Bis die moderne Forschung sich des religiösen Wesens antiker Kunst bewusst wurde, war es allerdings ein langer Weg. An wenigen Orten wird dies so deutlich wie im Britischen Museum, diesem Monument imperialen Sammeleifers, getrieben von dem Ehrgeiz, in der Hauptstadt des Empire die Kunst der ganzen Welt auszustellen. Zu den kontroversen Erwerbungen gehören die Elgin-Marbles, klassische Marmorwerke, die der Botschafter im Osmanischen Reich Lord Elgin Anfang des 19. Jahrhunderts von der Athener Akropolis mitgenommen und ans Britische Museum verkauft hat. Die Grundlage dafür bot die Erlaubnis der osmanischen Behörden, die damals Athen regierten, »einige Steine abzutransportieren«. Elgin legte das großzügig aus; unter den »Steinen«, die er abtransportieren ließ, befand sich fast der gesamte Fries des Parthenon, des größten Tempels der Akropolis, erbaut im 5. Jahrhundert v. Chr. unter Aufsicht des berühmten Bildhauers Phidias.[18]

Die Debatte über die Rückgabe der Elgin Marbles, die von

griechischer Seite mit viel Leidenschaft geführt wird, erhielt 2009 frischen Aufwind, als das neue Akropolismuseum in Athen eingeweiht wurde. Dort ließ man nämlich bewusst Platz für die Marmorwerke in London, darunter der Fries des Parthenon. Wer heute das Athener Museum besucht, kann neben zahllosen antiken Objekten unschätzbaren Werts also eine Reihe von Leerstellen bewundern, die besser als jede politische Erklärung kundtun, dass hier noch etwas fehlt!

Abgesehen von der Frage, *wo* der Fries in Zukunft ausgestellt werden soll (London oder Athen), stellt sich die Frage, *wie* man solch ein Werk dem Publikum präsentiert. Die Aufstellung in London erfolgte in den Jahren nach dem vom britischen Parlament abgesegneten Ankauf 1816 und spiegelt das damalige Verständnis antiker Kunst wider. Der Fries ist auf Augenhöhe entlang der Wände des Saals ausgestellt. Ganz wie in einer Gemäldegalerie, ist alles darauf bedacht, dem Betrachter den vollen Genuss des Werkes und all seiner Details zu ermöglichen.

Das Problem ist, dass dies überhaupt nicht der antiken Aufstellungspraxis entspricht. Der Fries bekrönte die Außenwände der Cella, des zentralen, von Säulen umstandenen Kultraums des Tempels. Er befand sich damit mehr als 13 m über dem Fußboden, im Schatten der Säulenhallen, die den Tempel umgaben. Um eine vage Vorstellung des 160 Meter langen Frieses zu bekommen, musste man seinen Nacken ziemlich strapazieren; die vielen ursprünglich farbigen Details auszumachen, war praktisch unmöglich.

Als ähnlich verblüffend stellen sich die Giebelskulpturen des Tempels heraus. Im Britischen Museum kann man um sie herumgehen und so die perfekte Ausarbeitung auch der

Rückseiten bewundern. Aber in der Antike schmückten diese Skulpturen ja die Giebel des Tempels, 17 m über dem Erdboden. Ihre Rückseite zu sehen, war völlig unmöglich.

Warum investierten die Athener so viel Mühe und Geld in Kunstwerke, die für sie selbst nur eingeschränkt »genießbar« waren? Warum engagierten sie den berühmtesten Bildhauer der Zeit, um Skulpturen zu schaffen, die so aufgestellt wurden, dass sie niemand in all ihrem Detailreichtum würdigen konnte? Warum gaben sie das Geld des Attischen Seebundes, der eigentlich Verteidigungszwecke hatte, für einen Tempel und seinen Bilderschmuck aus? (Man stelle sich zum Vergleich einmal vor, die NATO finanzierte aus ihrem Militäretat ein Museum für zeitgenössische Kunst!)

Die Antwort liegt in dem religiösen Charakter antiker Kunst. Der Tempel und all sein Beiwerk waren der Göttin Athene geweiht; sie gehörten ihr, nicht nur im religiösen, sondern auch im juristischen Sinn. Nichts Unvollkommenes durfte ihr dargeboten werden. Der Fries und die anderen Bildwerke waren daher nicht Kunst in unserem heutigen, auf Kunstkonsum ausgerichteten Sinn, sondern Teil eines durch Weihgaben, Riten und Gebete vollzogenen Dialogs zwischen Menschen und Göttern. Es waren im Grunde »magische« Bilder, d. h. Bilder, denen eine Wirkung jenseits ihrer rein ästhetischen Funktion zugesprochen wurde. Wenn auch kein irdischer Betrachter den Fries in all seinen Einzelheiten wahrnehmen konnte, der Göttin Athene entging kein Detail.

Während man in London den Parthenonfries nach Art einer Gemäldegalerie ausstellte, herrschte in Pompeji noch die Praxis vor, die Wandmalereien aus dem Verputz herauszubrechen und ins Königliche Museum nach Portici bzw. später Neapel zu bringen. Pompeji stellte sich von daher weniger als ein Museum unter freiem Himmel dar denn als eine Art Steinbruch, in dem antike Kunstwerke für die königlichen Sammlungen »abgebaut« wurden. Dabei wurde selektiv vorgegangen: Herausgelöst und abtransportiert wurden hauptsächlich mythologische Wandgemälde, während die sie einrahmende Wanddekoration am Ort verblieb – wo sie dann leider oftmals Wind und Wetter zum Opfer fiel und heute nur noch durch alte Stiche und Beschreibungen bekannt ist.

Nicht zu leugnen ist, dass das Herauslösen der Wandgemälde im 18. und frühen 19. Jahrhundert auch konservatorische Gründe hatte. Man war damals schlicht noch nicht in der Lage, die Fresken vor Ort zu konservieren. Noch heute gehört die Erhaltung der Wandmalereien zu den größten Herausforderungen Pompejis; zusammen mit den Restauratorinnen und Restauratoren des Parks sind wir beständig bemüht, uns über neue Methoden und Ansätze auszutauschen, die uns dabei helfen könnten.

Die Stimmen, die für eine Erhaltung vor Ort plädierten, wurden jedoch über die Jahre immer lauter. Heute werden Fresken und Statuen nur in Ausnahmesituationen vom Fundort entfernt; das Ziel ist – wie exemplarisch am 2020 ausgegrabenen und 2021 dem Publikum erstmals zugänglich gemachten Thermopolium (eine Art antikes Streetfood-Restaurant) zu sehen –, den Zustand von 79 n. Chr. genau wiederzugeben, inklusive der Kochtöpfe und Amphoren, die auf dem Tresen standen bzw. daran lehnten.

Kurioserweise hatte ein italienischer Gelehrter namens Scipione Maffei das angesichts der mittels unterirdischer Tunnel vorangetriebenen Grabungen im nahen Herculaneum bereits 1748, also im Jahr der Entdeckung Pompejis, als Programm formuliert: Welch außergewöhnliches Abenteuer, so Maffei, wäre es, »nicht das ein oder andere Monument, sondern eine ganze Stadt freizulegen«.[19]

Auch Goethe, der den Ort während seiner italienischen Reise besuchte, zeigt sich weniger von den in Pompeji geborgenen Kunstwerken als von der antiken Stadt als einer Art Gesamtkunstwerk beeindruckt. Unter dem 13. März 1787 vermerkt er: »Die Häuser sind klein und eng, aber alle inwendig aufs Zierlichste gemalt. Das Stadttor merkwürdig, mit den Gräbern gleich daran. Das Grab einer Priesterin als Bank im Halbzirkel mit steinerner Lehne, daran die Inschrift mit großen Buchstaben eingegraben. Über die Lehne hinaus sieht man das Meer und die untergehende Sonne. Ein herrlicher Platz, des schönen Gedankens wert.«[20]

Auch als Goethe einige Tage später, am 18. März, das Museum in Portici besucht, wo die Funde aus Pompeji bestaunt werden konnten (jedoch unter strengem Verbot, Zeichnungen oder Notizen anzufertigen!), versetzt er im Geist das Gesehene sogleich »in die verschwundene Zeit, wo alle diese Dinge zu lebendigem Gebrauch und Genuss um die Eigentümer umherstanden«.

Dabei hat er die »Kleinheit und Enge« der Häuser, die ihm beim Besuch der Grabungen ins Auge fielen, nicht vergessen: »Jene kleinen Häuser und Zimmer in Pompeji erschienen mir nun zugleich enger und weiter; enger, weil ich sie mir von so viel würdigen Gegenständen vollgedrängt dachte, weiter, weil gerade diese Gegenstände nicht bloß als notdürftig vorhanden, sondern durch bildende Kunst aufs Geistreichste und Anmutigste verziert und belebt den Sinn erfreuen und erweitern, wie es die größte Hausgeräumigkeit nicht tun könnte.«

Gewiss, Goethes Zugang ist noch ganz vom ästhetisch-künstlerischen Interesse seiner Epoche geprägt. Doch verweist das Wort vom »Gebrauch« der Gegenstände bereits auf einen weiteren Bedeutungszusammenhang. Goethe bezieht sich hier auf die aus mehr oder weniger alltäglichen Verrichtungen entstehende Erfahrung der antiken Alltagswelt, in der die Gegenstände – seien es nun Kunstwerke oder nicht – ihren Sinn entfalteten.

Innerhalb dieses Horizonts antiker Erfahrung spielte der Ritus eine wesentlich größere Rolle als in unserem modernen Kunstverständnis, zumindest in der Frühzeit der antiken Kulturen. Ursprünglich waren Statuen und Malereien primär Weihgeschenke für die Götter. Wie wir gesehen haben, wurden im Lauf der Antike solche Objekte dann mehr und mehr als Kunstwerke im modernen Sinn wahrgenommen, für die es einen entsprechenden Markt sowie eine eigene Fachliteratur gab. Aber entwicklungsgeschichtlich – und da hat die moderne Kunstgeschichte recht, den Bruch mit der Antike zu betonen – war der Apollo Citarista einem primitiven Tongefäß, das in der Frühzeit Pompejis den Göttern geweiht wurde, viel näher verwandt als einer klassizistischen Statue von der Hand eines Antonio Canova, die zwar äußerlich sehr ähnlich erscheinen mag, aber tatsächlich in einer völlig anderen Erfahrungswelt geschaffen und betrachtet wurde. Auch in den Jahrhunderten der schrittweisen Emanzipation des Kunstbetriebs aus der Sphäre der Religion blieb die ursprünglich religiöse Funktion der Kunst gegenwärtig. Und das lässt sich auch in Pompeji zeigen.

Ein Mysterienfries

Was Goethe zum wohl bekanntesten Freskenzyklus Pompejis zu sagen gehabt hätte, kann niemand wissen, denn der Fries, welcher der Mysterienvilla an der Landstraße nach Herculaneum zu ihrem Namen verholfen hat, wurde erst 1909 entdeckt. Dargestellt ist, so die gängige Deutung, ein Mysterienritus, wobei Mysterium, mystisch usw. hier nicht im modernen Sinn zu verstehen sind. Der *mystes* ist im Griechischen derjenige, der in einen den Außenstehenden »verschlossenen« Kult (von *myein*, etwas verschließen, z. B. Augen oder Mund) eingeweiht worden ist und dessen Geheimnis *(mysterium)* kennengelernt hat.

Damit ist schon das Hauptproblem der Forschung zu antiken Mysterienkulten benannt: Da die Riten und Gebete geheim zu halten waren, war schon den antiken Zeitgenossen rätselhaft, was da eigentlich vor sich ging. Heute, nach zwei Jahrtausenden, ist es praktisch unmöglich, sich darüber Klarheit zu verschaffen. Die Sache wird dadurch nicht einfacher, dass von dem wenigen, was antike Schriftquellen dazu überliefert haben, ein Teil auf christliche Autoren der Spätantike zurückgeht. Die hatten natürlich kein Wissen aus erster Hand; dazu kommt, dass sie keineswegs unparteiisch waren: Ihr Hauptinteresse zielte darauf ab, den »heidnischen« Glauben herabzusetzen und lächerlich zu machen.

Dabei war aus antiker Sicht das Christentum selbst ein

Mysterienkult. Anklänge daran finden sich noch heute, wenn zum Beispiel in der katholischen Liturgie der Priester nach der Wandlung von Brot und Wein spricht: »Geheimnis des Glaubens«, auf Latein: *mysterium fidei*.

Das gemeinsame Merkmal antiker Mysterienkulte war die Einweihung oder Initiation, welche im Christentum durch die Taufe erfolgt. Einem Mysterienkult beizutreten und in seine Geheimnisse eingeweiht zu werden, setzt einen Willensakt voraus: Man bekennt – oder christlich: »bekehrt« – sich zu den Regeln und Dogmen der Kultgemeinde. Wenn man im Christentum später dazu überging, Neugeborene zu taufen, stellte das natürlich die Idee des Willensaktes auf den Kopf; daher das Bestreben, einen solchen Willensakt durch Erstkommunion, Firmung, Konfirmation, Wiedertaufe usw. gewissermaßen nachzuholen.

Verbunden mit der Initiation ist ein Heilsversprechen: Wer sich an die Regeln und Gebote hält und die vorgeschriebenen Riten befolgt, kann auf Erlösung hoffen. Das Versprechen der Erlösung bezieht sich dabei in antiken Mysterienkulten auch auf das Leben nach dem Tod, jedoch nicht ausschließlich. Vielmehr beginnt mit der Initiation ein »neues Leben«, das Erlösung und Heil schon im Diesseits vorwegnimmt, zumindest teilweise. Trance und mystische Vereinigung – die in der Kommunion erfahrene *unio mystica* der christlichen Theologie – antizipieren im Hier und Jetzt die transzendente Erlösung der sterblichen Kreatur.

Die Idee des »neuen Lebens« erklärt, warum jede Initiation etwas von einem symbolischen Tod hat: Der Einzuweihende »stirbt«, lässt sein bisheriges Leben zurück, um als Eingeweihter »neu geboren zu werden«. Der antike griechische Schriftsteller Plutarch (1./2. Jahrhundert n. Chr.) verglich die sogenannten Großen Mysterien in Eleusis, nicht weit von Athen, die zu Ehren der Fruchtbarkeitsgöttin Demeter gefeiert wurden, mit einer Nahtoderfahrung, wie er sie offenbar durch authentische Berichte kannte. Und Apuleius von Madaura (2. Jahrhundert n. Chr.) schreibt in seinem Roman *Der Goldene Esel* von den Mysterien der ägyptischen Göttin Isis (die übrigens auch in Pompeji einen Tempel und eine florierende Kultgemeinde besaß), dass die Einweihung gefeiert werde »als ein freiwilliger Tod und eine auf Bitten gewährte Rettung« durch die Göttin.[21]

Sehr präsent ist der Gedanke des »neuen Lebens« auch in der christlichen Heilslehre – und keineswegs erst durch sekundäre Entwicklungen. Jesus betont diesen Aspekt an verschiedenen Stellen im Neuen Testament, unter anderem in einem der, wie ich finde, eindrücklichsten Verse der Bibel, der gleich zweimal überliefert ist (Matthäus 16,25 und Lukas 9,24): »Wer aber sein Leben erhalten will, der wird es verlieren; wer es aber verliert um meinetwillen, wird es finden.«

Dionysus, der neue Gott

Als dieser Satz gesprochen und weiterverkündet wurde, um schließlich in den neutestamentlichen Kanon aufgenommen zu werden, pulsierte in Pompeji noch das Leben. Auf die spärlichen Zeugnisse früher Christen in und um Pompeji werden wir noch zurückkommen. Tatsache ist, dass in der Stadt ein anderer »neuer Gott« an Popularität alle anderen übertraf: Dionysus, in Italien auch als *Liber* oder *Bacchus* bekannt.

Dass er »neu« sein soll, mutet erst mal sonderbar an,

taucht sein Name doch schon auf bronzezeitlichen Tontafeln des zweiten Jahrtausends v. Chr. aus Griechenland auf. Dionysus war demnach ein uralter mediterraner Fruchtbarkeits- und Vegetationsgott. Aber damit ist nur eine Seite seines Wesens beschrieben. Die andere besteht darin, dass er, so alteingesessen er auch ist, doch fremd bleibt. Dionysus ist der ewige Außenseiter. Er ist nicht Mitglied im offiziellen Klub der zwölf olympischen Götter. Bei Homer und Hesiod, den Dichtern, die »den Griechen ihre Götter gegeben haben«, spielt er keine nennenswerte Rolle. Auch außerhalb des Olymps hat er keinen festen Platz, was sich im Mythos darin zeigt, dass er ständig auf Wanderschaft ist, ein Nomade unter den Göttern. Mit seinem Gefolge aus Satyrn und Mänaden, berauscht von Wein, Trommeln und Flötenmusik, zieht er durch die Lande, erreicht gar das ferne Indien, um seine frohe Botschaft zu verkünden. Er will anerkannt werden von den Menschen – auch das unterscheidet ihn von den olympischen Göttern.

An Apollo, Athena oder Zeus musste niemand »glauben«; die gab es, daran bestand so wenig Zweifel wie an der Existenz von Luft oder Wasser. Anders Dionysus: Er muss sich seine Anhängerschaft gewinnen, dabei nicht selten Widerstände überwinden. Er ist ein »neuer« Gott, weil er immer wieder neu anerkannt werden muss. *Theos neos*, neuer Gott, heißt er darum in Euripides' Tragödie *Die Bakchen*, erstaufgeführt 405 v. Chr. in Athen.

Das Stück erzählt die Geschichte des Königs von Theben, Pentheus, der den Kult des Dionysus samt seinen nächtlichen Orgien ablehnt. Dionysus erscheint darauf in Gestalt eines Fremden vor dem König und stellt ihn zur Rede. Pentheus bleibt stur, will sogar mit Waffengewalt gegen die Anhängerschaft des Gottes vorgehen, bezahlt jedoch schließlich seine ablehnende Haltung mit dem Tod: Von Dionysus überredet, schleicht er sich als Frau verkleidet ins Gebirge, um das Treiben der in dionysische Trance verfallenen Frauen der Stadt, der »Bakchen«, zu beobachten. Die Frauen, darunter Pentheus' Mutter Agaue, entdecken ihn auf einem Baum sitzend und reißen ihn im Wahn in Stücke. Die Szene ist im Haus der Vettier, das wir im vorigen Kapitel bereits kennengelernt haben, im danach benannten »Pentheus-Zimmer« abgebildet.

Euripides' *Bakchen* gehörten zu den populärsten Tragödien der Antike und werden auch heute noch gern gespielt. Das Stück war weit über die Grenzen Griechenlands bekannt – sicherlich im römischen Italien, wie nicht zuletzt das Haus der Vettier zeigt, aber auch in Parthien und Armenien, wie eine Überlieferung zum Tod des römischen Generals Crassus beweist.

Crassus, reicher, aber glanzloser Dritter im Bündnis mit Caesar und Pompeius, trachtete danach, mit militärischen Leistungen aufzuwarten, die nicht hinter seinen beiden Kollegen zurückstanden. Zum Vergleich: Caesar war gerade dabei, ganz Gallien zu unterwerfen, eine Fläche, die ungefähr dem heutigen Frankreich und Belgien entspricht. Um das zu übertrumpfen, griff Crassus den mächtigsten Gegner an, der sich damals finden ließ: das Partherreich, dessen Zentrum im heutigen Iran liegt. Doch das Unternehmen ging schief. Im Jahr 53 v. Chr. wurden Crassus' Legionen bei Carrhae geschlagen, kurze Zeit darauf verlor er selbst das Leben. Sein abgeschlagener Kopf wurde dem Partherkönig Ordoses II. nach Artashat, der Hauptstadt des mit ihm verbündeten armenischen Reiches, gebracht, wo der Bote mit der makabren

Trophäe eintraf, als der König gerade einer Theateraufführung beiwohnte. Es heißt, ein Schauspieler habe den in die Saalmitte geworfenen Kopf des Crassus spontan aufgehoben und die Verse rezitiert:

»Aus den Bergen bringen wir
Eine frisch geschnittene Ranke in den Palast,
Eine glänzende Jagd.«[22]

Das sind die Worte, mit denen in Euripides' *Bakchen* Pentheus' Mutter Agaue den Kopf ihres Sohnes, den sie im Wahn noch nicht als solchen erkannt hat, im Königspalast von Theben präsentiert.

Ungefähr zur selben Zeit, zu der in Artashat König Ordoses Euripides' Versen gelauscht haben soll, ist der Wandfries in der Villa der Mysterien entstanden, in dessen Zentrum Dionysus und Ariadne thronen. Der Fries ist nämlich dem zweiten Stil der pompejanischen Wandmalerei zuzuordnen, stammt also aus der Zeit zwischen 80 und 15 v. Chr., wie im vorigen Kapitel erläutert. Details lassen vermuten, dass er ungefähr zwischen 50 und 30 v. Chr. geschaffen worden ist.

Sowohl die Beliebtheit der *Bakchen* als auch der Mysterienfries in Pompeji spiegeln die zentrale Rolle wider, die Dionysus trotz oder vielmehr wegen seiner Außenseiterrolle in der antiken Welt einnahm. Denn wer sich in sein Gefolge einreihte, konnte auf Erlösung von irdischen Sorgen und Kümmernissen hoffen. *Lysios*, der (Er)lösende, ist einer seiner Beinamen. Da dieses Versprechen sich tendenziell an alle Menschen richtete, gleich, welcher Nation oder welchem Geschlecht sie angehörten, ja sogar die in der Antike als »Untermenschen« geltenden Sklaven mit ansprach, ging die Begeisterung für den Dionysuskult durch alle gesellschaftlichen Schichten.

Der Kult des Dionysus, der zahllose lokale Ausprägungen hatte, fungierte dabei als eine Art Sammelbecken für allerlei mystische Strömungen und Initiationsriten, die sich seit dem 4. Jahrhundert v. Chr. ausbreiteten. Eine der prominentesten von ihnen wurde auf den mythischen Sänger Orpheus zurückgeführt, der gleichsam als Prophet des Dionysus erscheint. Die Verbindung zwischen Orpheus und Dionysus drückt sich dabei nicht, wie sonst üblich, im Mythos aus (die beiden sind weder verwandt, noch kreuzen sich ihre Wege), sondern vielmehr in der rituellen Praxis, wie sie sich durch mehr oder weniger kreative Umdeutungen im Lauf der Zeit entwickelte.

Im Haus des Orpheus in Pompeji ist Orpheus beim Musizieren dargestellt, umringt von wilden Tieren, die gebannt seiner Musik lauschen. Der göttliche Sänger wusste durch seine Musik alle Sprach- und sogar Gattungsgrenzen zu überwinden.

Vor den Toren Pompejis hatte Dionysus einen alten Tempel, dessen Giebelrelief ihn zusammen mit Ariadne darstellt. Die Giebelskulpturen sind heute im Antiquarium, dem Museum des Parks, ausgestellt. Aber sein Kult florierte wohl noch mehr als in dem öffentlichen Tempel in den zahllosen privaten Kultgemeinschaften und Vereinen, die es in Pompeji gegeben haben muss und auf die sowohl der Mysterienfries als auch das namengebende Wandbild im Haus des Orpheus hinzudeuten scheinen.

Was aber erklärt die Faszination, die Dionysus offenbar auf die Menschen nicht nur in Pompeji, sondern in der ganzen römischen Welt und darüber hinaus ausübte? Um das zu verstehen, müssen wir uns anschauen, was die traditionellen Religionen den Menschen der antiken Welt zu bieten hatten.

Keine Bekehrung, keine eingeschworene Kultgemeinde, keine Erlösung. Im Vergleich mit den Initiationskulten wie dem des Dionysus, aber auch mit dem Christentum, lässt sich das spirituelle Angebot der traditionellen Religionen Griechenlands und Roms auf diese Formel bringen. Wir haben es bei den alteingesessenen Gottheiten also mit einem Defizit an Heilsversprechen zu tun, das sicherlich wesentlich zum Erfolg des »neuen Gottes« – sei es nun Dionysus oder der christliche Gott – beigetragen hat. Menschen, die auf der Suche nach dem waren, was man heute als persönlichen Glauben oder spirituellen Weg bezeichnen würde, wurden bei den traditionellen Religionen des Mittelmeerraumes einfach nicht fündig.

Die Kulte Alt-Italiens gehen auf vorgeschichtliche Zeit zurück. Damals, so können wir aus späteren Überbleibseln archaischer Riten schließen, gab es keine Trennung zwischen Welt und Göttern, Weltlichem und Heiligem. Religiöses Handeln war so fest in der Alltagswelt verankert, dass gar kein Gedanke an Religion als etwas »Überweltliches« aufkommen konnte. Die Präsenz von Gottheiten wurde in allem gesehen: in Quellen, Flüssen, Bergen, Bäumen. Aber auch Haus, Feld und Stall, ja selbst Krieg und Herrschaft unterstanden je eigenen Gottheiten, Schutz- und Naturgeistern. Besondere Bedeutung kam außerdem den Ahnen zu, die an ihren Gräbern verehrt wurden und die eine Mittlerfunktion zwischen Menschen und Göttern einnahmen.

Relikte dieser archaischen Religionsformen begegnen uns einerseits in der schriftlichen Überlieferung. James Frazer hat die Quellen dazu in seinem 1890 erstmals erschienenen Buch

Der goldene Zweig ausgewertet. Das Werk enthält teils fragwürdige Verallgemeinerungen und Spekulationen, doch seine anhaltende Popularität über die Fachgrenzen hinaus zeigt, dass Frazer einen Nerv getroffen hat. Wer das Buch liest (oder auch, was ich sehr empfehle, sich den stark davon beeinflussten Anfang von Pasolinis Spielfilm *Medea* ansieht), wird mit der im Kern richtigen Erkenntnis konfrontiert, dass die antike Religion ganz unklassische Wurzeln hat. Viel mehr als an das Idealbild der marmorweißen Antike erinnert sie an Rituale und Bräuche sogenannter »primitiver« Naturvölker. Was uns die Texte der klassischen Zeit überliefern, ist bereits eine Weiterentwicklung dieser urtümlichen Wurzeln von Religiosität, die inzwischen an das Leben in den immer weiter wachsenden Städten angepasst worden war.

Aus den zahlreichen Beispielen, die zeigen, dass die traditionelle Religion den meisten Menschen der klassischen Zeit nur noch wenig sagte, sei hier ein besonders krasses zitiert: die römischen *Flamines* (Singular: *Flamen*). Das waren die Priester der wichtigsten Gottheiten des römischen Staates, insgesamt fünfzehn an der Zahl: drei *Flamines maiores* (»Großpriester«) und zwölf *Flamines minores* (»Kleinpriester«). Doch geht man die Namen der Götter durch, denen sie dienten, stellt man fest: Kaum einer ist aus historischer Zeit näher bekannt! Die obersten Staatspriester Roms dienten Gottheiten, von denen man in den meisten Fällen wenig mehr als den Namen kennt. Von zwei der *Flamines minores* ist sogar gänzlich unbekannt, welchen Göttern sie zugeordnet waren. Die drei großen *Flamines* dienten Jupiter, Mars und Quirinus – so weit, so gut. Schwierig wird es bei den kleinen *Flamines*. Sie waren zuständig für die Kulte von: *Carmenta, Ceres, Falacer, Flora, Furrina, Palatua, Pomona,*

Portunus, Vulcan, Volturnus. Wer hier wenig Vertrautes findet: Keine Sorge, abgesehen von Ceres, der Göttin der Felder und des Getreides (vergleichbar der griechischen Demeter), und Vulcan, dem Feuer- und Schmiedegott, sind diese Namen auch gestandenen Altertumswissenschaftlern kaum geläufig.

In den meisten Fällen lässt sich der Charakter der Gottheiten aus dem Namen erahnen: *Flora* (»Blume, Blüte«) zum Beispiel war wohl mit dem Frühling verbunden. *Portunus* (verwandt mir *porta*, »Tür«, und *portus*, »Hafen«) war der Gott der Tore und Grenzen, aber auch der Häfen und des Viehs, einem der wichtigsten Handelsgüter der Frühzeit. *Pomona* kommt von *pomum*, »Apfel, Frucht« (das Wort lebt fort in »Pommes frites«, frittierten *Erdäpfeln*, wie man auf Schwäbisch zu Kartoffeln sagt).

Es handelt sich also um Gottheiten, die mit Natur, Landwirtschaft und dörflichem Leben verbunden waren. In Rom haben sich Spuren dieser urtümlichen Religion erhalten, weil das Dorf zur Welthauptstadt wurde. Ähnlich müssen wir uns auch die archaischen Kulte am Vesuv vor der Gründung Pompejis um 600 v. Chr. vorstellen, nur dass hier viel weniger schriftliche Quellen überlebt haben.

Die beiden ältesten Heiligtümer der Stadt – das des Apollo beim Forum und das der Athena/Minerva nahe dem Theaterviertel – weisen den Einfluss der Etrusker auf, die sich zu jener Zeit in Kampanien an verschiedenen Orten ansiedelten (Capua, Pontecagnano) und auch maßgeblich an der Gründung der Stadt Pompeji beteiligt waren. Die frühen Inschriften Pompejis, bei denen es sich um Widmungen an die Götter handelt, sind ausnahmslos in etruskischer Sprache verfasst. Grabungen in einem Heiligtum außerhalb der Stadtmauern

(»Fondo Iozzino«), durchgeführt unter der Leitung meines Vorgängers Massimo Osanna, haben das noch mal eindrücklich bestätigt: Seit 2014, als die neuen Grabungen begannen, sind zu den 15 bereits bekannten etruskischen Inschriften aus dem Apollo-Heiligtum mehr als siebzig dazugekommen. Pompeji ist damit der Ort mit den meisten etruskischen Inschriften außerhalb Etruriens.

Die Tempel und Kulte der neuen Stadt, die das Leben in kleinen Weilern und Dörfern zu Füßen des Vesuv ablöste, sind also Teil eines tief greifenden Umbruchs. Etrusker und Griechen gaben die Richtung vor, die Zeichen der Zeit standen auf Modernisierung und Urbanisierung (Stadtwerdung, Übergang zur Stadtkultur). Dazu gehören auch der Gebrauch von Schrift, der hier erstmals in Pompeji fassbar wird, sowie der Bau neuer Tempel. Ihre bunten Tondächer wurden von etruskischen und griechischen Künstlern gestaltet, umherwandernden Vorboten des neuen Zeitalters. Es ist das Zeitalter der Stadt, die ganz neue Formen von Politik, Verwaltung, Wirtschaft, Kultur und Religion hervorbringt. Das urtümlich Archaische der Religion verblasste in den neumodischen Bauten und Statuen, lebte aber umso stärker in den Ritualen fort.

Deutlich wird das am Heiligtum von Fondo Iozzino vor den Mauern Pompejis, das ich bereits erwähnt habe. Das Heiligtum lag auf einem kleinen, von Schilf umstandenen Hügel nahe bei der Mündung des Flusses Sarno (lat. *Sarnus*), der die Küste mit dem bergigen Inland verband. Der Fluss in seiner Gänze wurde als etwas Heiliges angesehen, verkörpert durch den Flussgott gleichen Namens, der auf einem bemalten Hausaltar Pompejis (Haus des Sarnus-Altars) als bärtiger Riese abgebildet ist.

Das Heiligtum von Fondo Iozzino bestand aus einem ummauerten Bezirk. Ein Tempel wurde dort nie errichtet. Die klassische Vorstellung, dass der Tempel als »Wohnung des Gottes« in keinem Heiligtum fehlen darf, entwickelt sich erst relativ spät; nach archaischer Vorstellung »wohnten« die Gottheiten in Bergen, Flüssen, Quellen, im Himmel, auf dem Meeresgrund oder unter der Erde. Wie nach den neuen Grabungen vermutet wird, war Letzteres im Heiligtum von Fondo Iozzino der Fall. Dafür sprechen die zahlreichen Gefäße, die, Unterseite nach oben, auf der Erde liegen gelassen wurden. Sie enthielten Wein, wie chemische Untersuchungen gezeigt haben. Hier wurde also Wein in die Erde gegossen; die Gefäße blieben nach dem Ritual liegen, gewissermaßen zur Erinnerung.

Solche Riten deuten auf Göttinnen und Götter, die man sich als in der Erde wohnend vorstellte. Dadurch hatten sie zum einen eine besondere Verbindung zum Reich der Toten, standen zum anderen aber auch für die Fruchtbarkeit der Erde. Den Gottheiten einen Teil der Ernte darzubringen, zumal eines solch kostbaren und prestigeträchtigen Produkts, wie es der Wein darstellte, war für bäuerliche Gesellschaften der Frühzeit eine Art notwendiges Tauschgeschäft: Man gibt den Naturgeistern und -göttern einen Teil von dem, was sie wachsen lassen, zurück, um auch in Zukunft auf ihr Wohlwollen rechnen zu können. Neben Trankopfern und dazu benutzten Gefäßen wurden im Heiligtum von Fondo Iozzino auch andere Geschenke an die Götter gefunden: Waffen, griechische Ölgefäße, Schmuck und – viel später, in einer Zeit, da in Pompeji schon griechische Kunst und Kultur um sich griffen – eine Reihe wunderschöner Tonstatuen, die vermutlich der hier neben einem männlichen Partner verehrte

Göttin (vielleicht Ceres?) dargebracht wurden und heute im Antiquarium Pompejis zu besichtigen sind.

Am Beispiel dieser Geschichte lässt sich mit Händen greifen, welches der ursprüngliche Zusammenhang antiker Kunst war: Die Statuen stehen funktional betrachtet in direkter Nachfolge der unscheinbaren Tongefäße aus dem späten 7. und 6. Jahrhundert v. Chr., die den Göttern geschenkt worden waren.

Scherbenzählen in Gabii

Die ganze Tragweite dieser Beobachtung wurde mir erst nach dem Studium klar, als ich nach Italien ging und begann, mit Massimo Osanna zusammenzuarbeiten – damals hätte sich keiner von uns träumen lassen, dass ich ihm eines Tages als Leiter des berühmten Archäologieparks nachfolgen würde.

Anfang 2007, nachdem ich mein Studium in Berlin abgeschlossen hatte, jobbte ich als »Hiwi« (Wissenschaftliche Hilfskraft) am Deutschen Archäologischen Institut (DAI) in Rom. Konkret ging es um die Mitarbeit bei einem Projekt zur Vermessung der archäologischen Überreste Gabiis, einer alten Stadt in der Umgebung Roms, von der heute nur noch verstreute Ruinen zeugen. Außerdem war ich auf der Suche nach einem Thema für meine Doktorarbeit. Auf einem vom Institut veranstalteten Kongress, wo ich das Mikrofon hin und her zu tragen und Kaffee in den Pausen auszuschenken hatte, lernte ich Osanna kennen, der damals an der Universität der Basilikata im süditalienischen Matera lehrte und zusammen mit einem Kollegen aus Rom ein eigenes Forschungsprojekt in Gabii angestoßen hatte.

In einer der Pausen nahm ich meinen Mut zusammen und sprach ihn an, fragte, ob es eine Möglichkeit gäbe, bei dem neuen Projekt mitzuarbeiten. Für mich überraschend, hörte er sich geduldig an, was ich ihm während der paar Minuten in meinem unvollkommenen Italienisch erzählte. Ich solle ihm mal meine Magisterarbeit und meinen Lebenslauf schicken, sagte er zum Abschluss.

Noch eine Probe war zu bestehen: Ich durfte einen Monat lang mit den italienischen Doktoranden und Studenten in Gabii ausgraben. Das war als Privileg zu verstehen; ich musste dafür unbezahlten Urlaub am Deutschen Archäologischen Institut nehmen. Gelohnt hat es sich trotzdem, denn ich hatte zwar schon in Italien ausgegraben, aber noch nie in einem rein italienischen Team. Für mich war das nicht nur aus professionellen Gründen aufschlussreich. Ich fand das zwischenmenschliche Klima viel entspannter als auf deutschen Grabungen, bei denen ich mitgearbeitet hatte, weniger von Konkurrenzdenken geprägt.

Ob das einer objektiven, statistischen Untersuchung standhielte, vermag ich nicht zu sagen. Jedenfalls bestärkte diese Erfahrung in mir das Gefühl, in Italien irgendwie besser reinzupassen. Tatsächlich sagen mir Freunde, die mich sowohl als »Deutschen« als auch als »Italiener« kennen, dass ich in der italienischen Fassung wesentlich extrovertierter wirke, obwohl ich die Sprache ja erst als Erwachsener gelernt habe. Aber ich merke selbst, dass ich im Deutschen dazu tendiere, über den richtigen Ausdruck nachzugrübeln, während ich auf Italienisch einfach losplappere. Durch den Satzbau (Verb nicht am Ende wie im Deutschen, Adjektive nach dem Nomen) kann man erstaunlich lange Sätze improvisieren, sodass man fast das Gefühl hat, die Sprache spricht sich wie von selbst.

1 Bronzestatue des Apollo Citarista aus dem gleichnamigen Haus in Pompeji. Die Statue wird im Archäologischen Nationalmuseum Neapel aufbewahrt.

2a Abguss eines beim Ausbruch des Vesuvs umgekommenen Jungen aus dem »Garten der Flüchtlinge« am Südrand Pompejis.

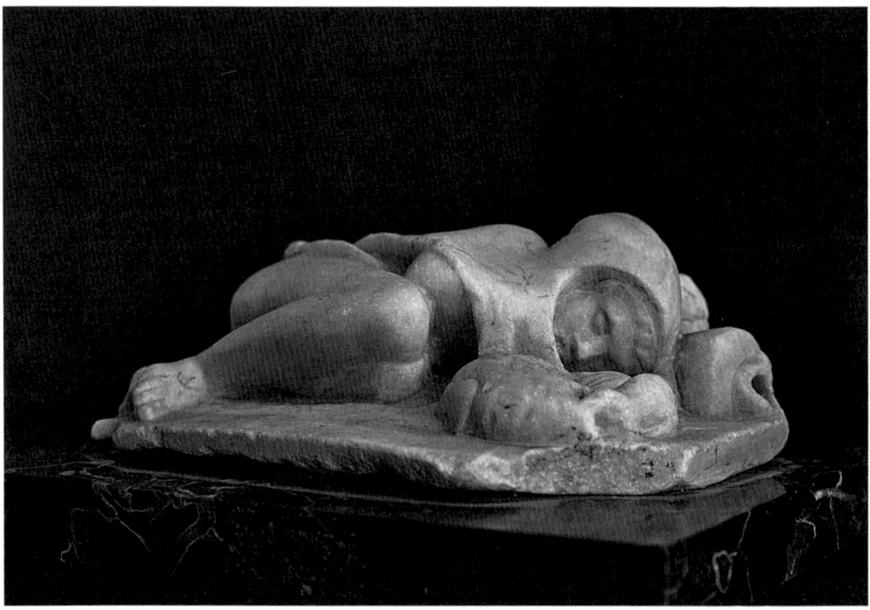

2b Skulptur eines schlafenden Fischerjungen, die im »Haus der Tänzerinnen« einst einen Brunnen schmückte.

3a Über der Stadt thront der Vesuv, links im Bild die Rückwand der Stabianer Thermen.

3b Gipsabgüsse von Opfern des Vesuvausbruchs im »Garten der Flüchtlinge«.

4a Blick über die Stadt vom »Turm des Merkur«, einer der Türme an der Stadtmauer Pompejis.

4b Eine Straßenkreuzung Pompejis mit einem der öffentlichen Brunnen, die an das Aquädukt angeschlossen waren.

5 Reproduktion der Bronzestatue der Göttin Diana, die zusammen mit der ihres Bruders im Apollo-Heiligtum aufgestellt war.

6 Das 2018 entdeckte Gemälde mit Leda und dem Schwan gab dem Haus seinen Namen: Haus der Leda.

7 Bronzener Lampenständer in Gestalt eines unbekleideten Jungen aus dem Haus des Marcus Fabius Rufus.

8a Wanddekoration im ersten Stil im »Haus der vier Stile«.

8b Wandmalerei im zweiten Stil in der Mysterienvilla.

9a Wandmalerei im dritten Stil im »Haus des Obstgartens«.

9b Wandmalerei im vierten Stil im »Haus der Dioskuren«.

10 Darstellung der Venus in der Casa del Principe di Napoli.

11 Das Peristyl im Haus der Vettier.

12 Das im vierten Stil ausgemalte Ixionzimmer im Haus der Vettier.

13a Nordwand: Daidalos zeigt Pasiphaë die hohle Kuh, in der sie sich verstecken wird.

13b Ostwand: Ixion wird auf das Rad gebunden, Juno auf dem Thron sieht zu.

13c Südwand: Dionysus entdeckt die schlafende Ariadne.

13d Auf der Südwand über der Tür die Begegnung zwischen Pan und Hermaphroditus.

14a Der Saal mit dem Erotenfries im Haus der Vettier.

14b Detail aus dem Erotenfries. Die Eroten verkaufen Wein, so wie die realen Besitzer des Hauses.

15 Das Pentheus-Zimmer im Haus der Vettier, ausgemalt im vierten Stil. Das zentrale Bild zeigt, wie Pentheus von seiner Mutter und den anderen Bacchantinnen in Stücke gerissen wird.

16 Ein 2020 ausgegrabenes Thermopolium in Pompeji. In solchen Garküchen wurde warmes Essen verkauft und Wein ausgeschenkt, Sitzplätze gab es aber nicht. Man aß auf der Straße oder nahm sich das Essen nach Hause mit.

Als ich 2020 die italienische Staatsbürgerschaft erhielt, spielten praktische Gründe für mich dabei eigentlich gar keine Rolle. Die Justizdebatte um die *direttori stranieri*, die ausländischen Direktoren, war schon längst vom höchsten italienischen Verwaltungsgericht zugunsten der internationalen Öffnung des Museumswesens entschieden worden. Vielmehr handelte es sich für mich, als mir der Bürgermeister den Eid auf die italienische Verfassung abnahm, um eine Herzensangelegenheit, so pathetisch das klingen mag. Ich hatte das Gefühl, dass die doppelte Staatsbürgerschaft dem entsprach, was ich lebte.

Dreizehn Jahre zuvor war ich erst mal froh, als Osanna, offenbar mit meinem Einsatz zufrieden, mir dabei half, Zugang zu den Funden aus dem sogenannten Ostheiligtum von Gabii zu erhalten, die bei einer Ausgrabung in den Siebzigerjahren des 20. Jahrhunderts aus der Erde geholt worden waren und seither im Depot der Denkmalbehörde in Kisten schlummerten. Ich wollte die Frühzeit dieses kleinen Heiligtums vor den Mauern der antiken Stadt untersuchen, um so etwas darüber herauszufinden, wie die archaischen Riten des vorgeschichtlichen Italien an die sich wandelnden sozialen, kulturellen und politischen Bedingungen angepasst wurden. Was wird aus bäuerlichen Agrar- und Naturkulten, wenn aus verstreuten Weilern eine Stadt wird – eine Stadt, die zwar aus unserer heutigen Sicht eher einem großen Dorf gleicht, aber als neue Siedlungsform damals trotzdem einen radikalen Umbruch markierte.

In dem Heiligtum gab es einen kleinen Tempel, ein rechteckiger Bau, dessen einzige Zier aus bemalten Dachziegeln bestand. Der wurde aber erst am Ende des 6. Jahrhunderts v. Chr. errichtet, also am Ende der Zeitspanne, mit der ich mich beschäftigte. Von den vorangehenden Jahrhunderten, in denen Gabii sich aus verstreuten Bauernhütten zur Stadt entwickelte, zeugten außer spärlichen Fundamentresten eines älteren Tempels lediglich Scherben von Tongefäßen, die zu Ritualen im Heiligtum verwendet wurden und anschließend dort als »Ritualmüll« verblieben. Was einmal durch Gebrauch beim Ritus »heilig« wurde, durfte den Bezirk der Gottheit nämlich nicht mehr verlassen – das erklärt auch die Fundsituation im Heiligtum von Fondo Iozzino vor den Mauern Pompejis, wo sich aus den Funden die jahrhundertelange Geschichte des Kultortes nachvollziehen lässt.

Nach zwölf Monaten Arbeit im Depot der Denkmalbehörde in Gabii umfasste meine Datenbank 23 800 Objekte, 95 Prozent davon Tonscherben. Ich hatte über 600 Zeichnungen gemacht und in den Museen und Bibliotheken der Umgebung unzählige Vergleichsstücke dokumentiert. Meine Frau zieht mich noch heute damit auf, dass ich einmal nach der Arbeit noch mal den Weg von Rom nach Gabii mit der Vespa zurückfuhr, nur um das Profil einer einzigen Scherbe zu überprüfen, für die ich einen neuen Vergleich gefunden hatte. Als 2008 unsere Tochter geboren wurde, waren wir eben nach Berlin zurückgekehrt: Beim Einschlafen in unserer kleinen Kreuzberger Wohnung begleitete sie allabendlich das Klicken der Maus meines Laptops, an dem ich die 600 Bleistiftzeichnungen in Vektorgrafiken umwandelte.

Das sind vermutlich so Sachen, die Archäologen in den Augen der Welt als wunderliche Käuze erscheinen lassen, die über eine unscheinbare Tonscherbe in Begeisterung geraten oder sich wegen einer ungenauen Datierung eines Fachkollegen echauffieren. Wozu die Aufregung? Die Antwort hat wieder mit dem »Motor« zu tun, der uns antreibt. Und der oft – aus eigenem Verschulden – der Außenwelt verborgen bleibt.

Streng genommen war ich nie ein »Schüler« von Massimo Osanna. Ich habe weder bei ihm studiert, noch war er mein »Doktorvater«. Trotzdem ist er für mich das gewesen, was die Italiener einen *maestro* nennen. Denn durch die Zusammenarbeit mit ihm – bei Lehrveranstaltungen, Ausgrabungen, Publikationen und im Denkmalschutz – habe ich unendlich viel gelernt. Vor allem, dass Archäologie etwas ist, das letztendlich der Gesellschaft zugutekommen muss; dass wir auf dem Wissen, das wir anhäufen, nicht sitzen bleiben dürfen, sondern die Menschen, die durch Eintrittstickets oder Steuergelder unsere Arbeit erst ermöglichen, daran teilhaben lassen müssen. Dann, dass Archäologie, heute mehr denn je, Teamwork ist, was nicht ohne Respekt für andere Fächer geht, auch jenseits der klassischen Altertumswissenschaften: Restaurierungswissenschaft, Architektur, Geologie, Chemie, Botanik usw.

Aber durch Massimo Osanna habe ich auch den Ansatz kennengelernt, der mich als »Motor« durch die 23 800 Tonscherben aus Gabii getragen hat: Archäologie als Religionswissenschaft. Damit war ich in meiner Ausbildung nur marginal in Berührung gekommen. In Italien hingegen ist dieser Zweig der Archäologie viel stärker entwickelt.

Tatsächlich ist es unmöglich, antike Kunst und Kultur zu verstehen, wenn man sie nicht als Teil einer Welt begreift, in der buchstäblich alle Aspekte des Lebens durch religiöse Riten strukturiert wurden. Der Ritus ist wie eine eigene Sprache, die alle Bereiche der Gesellschaft gliederte und deren Grammatik und Vokabular untrennbar mit dem verbunden sind, was sich in dieser Gesellschaft kommunizieren lässt.

Für uns heute ist nicht nur die »Sprache« des antiken Ritus schwierig zu entschlüsseln; als Kinder einer Zeit, in der Riten kaum noch eine Bedeutung haben, fehlt uns auch die entsprechende Grammatik fast völlig. Antike Rituale zu verstehen, ist daher ungefähr so, als wollte man als Taubstummer Klavierspielen lernen.

Beim Korsen in Paris

Niemand weiß das besser als die Religionswissenschaft, ein winziges Orchideenfach, dessen Vertreterinnen und Vertreter die Begeisterung der italienischen Archäologie für den antiken Ritus mit einem gewissen Argwohn betrachten. Kann aus der Übersetzung der komplizierten »Sprache« des Ritus etwas werden, wenn sie Archäologen anvertraut wird, die auf materielle Hinterlassenschaften spezialisiert sind?

Die Diskussion darüber wird schnell hitzig, vor allem, wenn sie nicht in der kühlen Atmosphäre des Vorlesungssaals, sondern bei einem Glas korsischem Wein geführt wird. Paris an einem regnerischen Tag Anfang April 2022: Vormittags habe ich an der *École Pratique des Hautes Études* einen Vortrag zu dorischen Tempeln gehalten, Kritik und Einwände werden dort akademisch höflich verpackt. Abends im korsischen Restaurant im 5. Arrondissement geht es zur Sache. Dabei sind Gabriella Pironti, gebürtige Neapolitanerin und Professorin für antike griechische Religionsgeschichte in Paris, und Claude Pouzadoux, Archäologin, die zehn Jahre lang ein französisches Forschungszentrum in Neapel geleitet hat und gerade etwas wehmütig in den kalten Norden zurückgekehrt ist. Wir sprechen Italienisch, erst über dies und das, dann über Mysterienkulte, wie sie nach gängiger Lesart auch auf dem Fries der Mysterienvilla in Pompeji dargestellt sind.

Gewisse Attacken sind nur unter Freunden statthaft, weil sie da als Vertrauensbeweis gelten können. Nach anfänglichem Geplänkel (Hat es Sinn, von antiken Mysterien*religionen* zu sprechen? Alle stimmen überein: nein, höchstens von Mysterien*kulten*), holt Gabriella zum Überraschungsschlag aus. Das Problem sei, dass die meisten Archäologen nicht einmal den antiken Polytheismus richtig verstanden hätten, ihn unbewusst als Nebeneinander von Monotheismen konzipieren. Unbeeindruckt von der Komplexität, die auch scheinbar einfache Figuren wie Hera und Zeus auszeichne, stürzten sie sich auf Mysterienkulte, die sie überall nachweisen wollen, vom Tauchergrab in Paestum bis zur Mysterienvilla in Pompeji. Schuld daran sei der Katholizismus. Tatsächlich habe nirgendwo die Suche nach der spirituellen Dimension antiker Religion so bedenkliche Auswüchse gezeitigt wie auf der italienischen Halbinsel, der Urheimat des Katholizismus. Obwohl (oder gerade weil?) ich Wahlitaliener bin, fühle ich mich direkt angesprochen, ist mir Italien doch nicht zuletzt durch die Archäologie antiker Rituale zur Heimat geworden. Es sind solche Momente der Verunsicherung, die wahre Forschung ausmachen: Momente, in denen hinter gewohnten Ansichten plötzlich der »Balken im eigenen Auge« erahnbar wird – also die subjektiv-biografische Prägung, durch die wir die Antike wahrnehmen. Weniger die höflich distanzierten Fragen und Kommentare morgens im Vorlesungssaal als vielmehr die Konfrontation mit der eigenen Geschichte abends beim Korsen, wenn persönliche Erinnerung (als Kind in der Kirche, die grellrot gemalten Wunden am Kruzifix, Weihrauch in der Luft, der schwäbische Singsang der Fürbitten …) und wissenschaftliches Suchen sich überlagern (Warum die Mysterienvilla? Gibt es nichts Wichtigeres in Pompeji?).

Diese Momente, die uns mit der Antike in Berührung bringen, weil das Ausgegrabene plötzlich mit unserer eigenen Weltsicht in Wechselwirkung tritt; Momente, zu denen dieses Buch Mut machen möchte, auch weil ich mir in meiner Ausbildung mehr Ermutigung dazu gewünscht hätte.

Bei meiner Lehrtätigkeit an der Universität Neapel versuche ich manchmal, die Studentinnen und Studenten dazu anzustiften – mit gemischten Resultaten. Wer einen Archäologiekurs besucht, rechnet normalerweise nicht damit, mit Persönlichem konfrontiert zu werden, und natürlich soll auch niemand dazu gedrängt werden. Ich denke schlicht, dass es ohne das sowieso nicht geht – Stichwort: der Motor, der uns antreibt. Also besser offen damit umgehen, die schädlichsten Komplexe sind die verdrängten.

Ideal wäre demnach, sich dem jeweiligen Interessengebiet mit dem Bewusstsein seines eigenen inneren Motors anzunähern. Dieses Bewusstsein hilft auch enorm, einmal seine Meinung zu ändern, wenn sich neue Einblicke ergeben, denn: Sind die inneren Triebfedern erkannt, kann man sie auch loslassen, wenn sie sich nicht als konstruktiv erweisen.

Dass ein reflektiertes, sprich: die eigenen biografischen und kulturellen Prägungen anerkennendes Verhältnis zur Vergangenheit der einzig sinnvolle Ansatz jeder historischen oder kunsthistorischen Forschung ist, kann ein Gedankenexperiment leicht verdeutlichen. Wollte man Gabriella Pirontis Einwand während unserer Diskussion beim Korsen missverstehen, könnte man zum Schluss gelangen, dass es am besten sei, weder Katholik zu sein noch sonst irgendwelche potenziellen Interessenkonflikte hinsichtlich der objektiven Erforschung der Antike zu haben. Aber konsequent zu Ende gedacht, würde das bedeuten, dass wir uns gerade mit dem beschäftigen müssten, was uns am wenigsten berührt. Idealerweise wäre das in unserer globalisierten Welt ein ganz anderer Planet – jedoch nur, solange noch keinerlei Austausch stattgefunden hat, denn sobald wir diesen Planeten kennenlernen würden, ergäben sich neue »Interessenkonflikte«. Die Vorstellung ist natürlich absurd. Als Individuen und als Gesellschaft kommen wir gar nicht umhin, unseren Interessen, d. h. unserem inneren Motor, zu folgen, wenn wir die Vergangenheit erkunden. Objektivität kann nur aus der kritischen Diskussion im Miteinander erwachsen – und bleibt ein Ziel, dem sich geisteswissenschaftliche Forschung bestenfalls annähern kann.

Die Entdeckung der Villa

Die Mysterienvilla ist dafür ein besonders beredtes Beispiel, denn die Deutung des Frieses, dem der Komplex seinen Namen verdankt, ist bis heute umstritten. Seine Ausgrabung ist das Werk eines der größten Direktoren Pompejis: Amedeo Maiuri. Im Jahr 1924 wird er, damals 38 Jahre alt, *Soprintendente alle antichità* (»Denkmalaufseher«) für ganz Süditalien, eingeschlossen Pompeji und das Archäologische Nationalmuseum in Neapel, in dem viele Funde aus Pompeji aufbewahrt werden. Er wird dieses Amt bis 1961 bekleiden, zwei

Jahre später verstirbt er. In der über 250-jährigen Geschichte der Grabungen hat er in der bisher (und hoffentlich noch für lange Zukunft) dunkelsten Stunde Pompejis das Ruder geführt: Am 24. August 1943 beginnen alliierte Luftstreitkräfte mit der Bombardierung Pompejis und umliegender Orte. Ihr Ziel ist, im Vorfeld der Landung der alliierten Truppen am Golf von Salerno, südlich von Pompeji, die deutschen Stellungen entlang der Küste zu dezimieren.

Am Morgen nach der ersten Bombennacht schickt Maiuri folgendes »Phonogramm« per Telefon ans Ministerium in Rom:

> »Gestern Abend vierundzwanzigster um zweiundzwanzig Uhr während eines Fliegerangriffs auf die Nachbarorte der Vesuv-Region wurde Grabungsgelände von Pompeji von drei Bomben getroffen: Eine ist aufs Forum gefallen, eine in das Haus des Romulus und Remus mit erheblichen Gebäudeschäden; eine dritte ins Antiquarium gefallen mit sehr schweren Schäden an den archäologischen Objekten, nur teilweise wiederherstellbar. Da Luftangriffe andauern und stärker werden, halte ich es für notwendig, Intervention neutraler Staaten zu erbitten, auf dass auf blinde und brutale Gewalt verzichtet werde, die Pompeji zu zerstören droht, heiliges Denkmal der ganzen zivilisierten Menschheit. Habe am Ort persönlich Schäden in Augenschein genommen und Wiederherstellungsmaßnahmen getroffen. Melde vorbildhaftes Verhalten des Wachpersonals der Nachtschicht.«[23]

Maiuri weiß zu diesem Zeitpunkt nicht, dass dies erst der Anfang ist. Der Nachrichtendienst der Alliierten geht davon aus, dass die deutschen Truppen, die Italien nach dem Sturz des *Duce* und Hitler-Verbündeten Benito Mussolini okkupiert haben, die Grabungsstätte als Unterstand und Munitionslager nutzen. Die Information wird sich nach der Landung als falsch herausstellen.

Bis zur Ankunft der alliierten Streitkräfte am 29. September 1943 fallen zirka 170 Bomben auf Pompeji, besonders betroffen sind die der Küste zugewandten Areale zwischen Porta Marina und Porta Ercolano. Doch auch landeinwärts gelegene Gebäude wie das Haus des Loreius Tiburtinus oder das Haus der Venus in der Muschel werden in Mitleidenschaft gezogen. Maiuri tut, was er kann, um bewegliche Funde in Sicherheit zu bringen, wird im Laufe der Angriffe sogar selbst am Bein verletzt.

Spuren der Bomben sind noch heute sichtbar: Im Haus des Fauns ist ein Bombensplitter als mahnendes Zeugnis im Nebenatrium sichtbar liegen gelassen worden. Auch 2021 begonnene Ausgrabungen im Haus der Bibliothek haben Bombenkrater in den Mosaikfußboden zutage gebracht. In eines der Mosaiken, das zum benachbarten Haus gehört, war wie zur Mahnung an uns Nachkommende ein Spruch eingefügt: *litigare noli*, Streitet nicht! Was viele nicht wissen: Auch die *Schola Armaturarum*, das Gebäude, das 2010 einstürzte und damit einen internationalen Skandal um Pompeji auslöste, der ausschlaggebend für die anschließende Rettungsaktion im Rahmen des »Großprojekts Pompeji« war – auch dieses Gebäude war Opfer der Weltkriegsbomben geworden. Das war sicherlich nicht der einzige Grund für den Einsturz, doch hat es zweifellos eine Rolle gespielt.

Die Mysterienvilla, obgleich dem Meer zugewandt, bleibt verschont – nicht aufgrund irgendeiner »Intervention neutraler Staaten«, sondern wohl aus Zufall: Am Abend des 18. September gehen einige Bomben in der unmittelbaren Umgebung der Villa nieder. Nicht auszudenken, wenn der einzigartige Mysterienfries vernichtet worden wäre! Bei aller Zerstörung, die die Bomben in Pompeji angerichtet haben, dürfte das auch für Maiuri ein Lichtblick in der Finsternis gewesen sein. Denn in gewisser Weise ist er der Entdecker der Villa. Das mag seltsam klingen, wenn man bedenkt, dass der Saal mit dem Mysterienfries, also das Highlight des ganzen Komplexes, schon 1909/10 ausgegraben wurde – 15 Jahre vor Maiuris Dienstantritt in Pompeji.

Doch mit der Entdeckung ist das so eine Sache in der Archäologie. Selten bis nie ist sie das Werk eines Einzelnen, Archäologie ist Teamwork. Man denke an eine Statue, die im Boden liegt: Vom Arbeiter oder Studenten auf Grabungspraktikum, der sie buchstäblich aus der Erde holt, zum Schnittleiter, d.h. der Person, die für einen Grabungsabschnitt verantwortlich ist, bis zum Grabungsleiter, Professor oder Direktor, der vielleicht nur alle paar Tage auf der Grabung vorbeischaut, aber sich das Ganze ausgedacht und die Geldmittel dafür beschafft hat – wem gebührt die Ehre, der Entdecker zu sein? Und wie verhält es sich in Fällen, in denen die wirkliche Entdeckung erst Jahre oder Jahrzehnte nach der Grabung stattfindet?

In Pompeji sind wir derzeit in Zusammenarbeit mit Universitäten und Forschungszentren damit beschäftigt, Tausende von Funden zu katalogisieren, die vor langer Zeit aus dem Boden geholt wurden – oft sind die Ausgräber längst verstorben. Die eigentliche Entdeckung ist hier nicht so sehr der Moment, in dem ein Objekt – sei es nun eine Statuette, eine Münze oder eine Tonscherbe – aus der Erde geholt und – erdverkrustet, unrestauriert und quasi unkenntlich – in eine Fundkiste geschmissen wird. Vielmehr erfolgt sie in dem Moment, in dem das Objekt gereinigt, untersucht und in einen weiteren Zusammenhang eingeordnet wird. Erst dann kann es die Informationen preisgeben, die über seine Bedeutung Auskunft geben.

Ähnliches, wenn auch in viel größerem Maßstab, gilt für die Entdeckung der Mysterienvilla. Am 29. April 1909 beginnt ein gewisser Aurelio Item, ausgestattet mit offizieller staatlicher Genehmigung, auf seinem Privatgrundstück mit der Ausgrabung und stößt bald auf den Saal mit den Mysterienfresken. Die Arbeiten, die rasch und ohne die heute übliche sorgfältige Dokumentation der Schichtabfolge (Stratigrafie) durchgeführt werden, dauern wenig mehr als zwei Wochen: Am 16. Mai desselben Jahres ist erst mal Schluss. Eine zweite Kampagne dauert von Oktober 1909 bis Januar 1910, dann ist die Genehmigung abgelaufen. Am Ende ist, außer dem Mysteriensaal, nur ein ganz kleiner Teil der Villa ans Licht gebracht – ein Umstand, der allen möglichen Spekulationen zum ursprünglichen Kontext des Frieses den Boden bereitet.

Archäologie und Gesellschaft

So kommt es, dass der Mysteriensaal, der sofort – auch außerhalb der Archäologie – Furore macht, in den folgenden Jahren überaus kontrovers gedeutet wird. Der Fries ist wie ein Puzzleteil – ein wunderschönes, ohne Frage –, doch der

Rest vom Puzzle fehlt. Man kann sich da jede Menge Puzzlemotive ausmalen, in die der Teil passen würde, aber es bleiben Gedankenspiele.

Eine erste, summarische Veröffentlichung des Frieses stammt aus der Feder des damaligen Direktors von Pompeji, Giulio De Petra. Der war allerdings ausgerechnet wegen privater Ausgrabungen antiker Villen in der Umgebung Pompejis ins Schussfeuer geraten. Von 1900 bis 1906 war er daher sogar seines Amtes enthoben worden. Vorgeworfen wurde ihm ein zu laxer Umgang mit privaten Grabungen, der zum Verkauf kostbarer Fundstücke und Wandfresken ins Ausland führte. Einige dieser Schätze zieren noch heute die Säle des Louvre oder des Metropolitan Museum of Art in New York.

In das Jahr der Entdeckung der Mysterienvilla fällt denn auch ein Gesetz, das private Ausgrabungen auf italienischem Boden verbietet. Die Mysterienvilla, anfangs nach dem Besitzer des Grundstücks »Villa Item« genannt, steht also an einer Wasserscheide des italienischen Denkmalschutzes. Der Staat muss hier beweisen, dass er es besser als die Privatleute kann. Das wird man auch zwischen den Zeilen von Maiuris umfassender Publikation der Villa von 1931 lesen können. Ziel ist nicht nur, die antiken Gebäude in ihrer Gänze zu erhalten und wissenschaftlich zu erschließen, anstatt sie auszuplündern und die Funde in alle Welt zu verscherbeln (um die verbleibenden Ruinen oft anschließend wieder zuzuschütten); die Landvillen im Umland Pompejis sollen auch dem Publikum zugänglich und vermittelbar gemacht werden.

Mit der Mysterienvilla nimmt somit eine Auseinandersetzung ihren Anfang, die noch heute ausgefochten wird und der wir im Verlauf des Buches noch begegnen werden: Auf der einen Seite stehen Privatleute, die auf ihren Grundstücken – heute natürlich illegal, häufig mittels unterirdischer Tunnelsysteme – antike Villen ausplündern, um Fresken und Funde auf dem internationalen Kunstmarkt zu verkaufen. Auf der anderen Seite steht die staatliche Archäologie, die solchem Vorgehen natürlich Einhalt gebieten muss – die aber gleichzeitig, jedenfalls nach meiner Meinung, die Pflicht hat, darüber hinausgehende Perspektiven aufzutun: Wenn wir als Gesellschaft in Denkmalschutz und Forschung investieren, was können Denkmalschutz und Forschung der Gesellschaft zurückgeben?

Maiuri hat dieses Problem erkannt und offenbar auch wirksam zu vermitteln gewusst. Wie er im Vorwort der Publikation der Villa dankend erwähnt, wurden die Ausgrabungen zwischen 1929 und 1930, die fast die ganze Villa ans Licht brachten, von einer Bank, der *Banco di Napoli*, finanziert. Es handelt sich meines Wissens um den ersten Sponsor im modernen Sinn in der Geschichte der Grabungen von Pompeji. Als 2014 mit der Reform des italienischen Museumswesens, in deren Zug erstmals ausländische Direktoren ernannt wurden, auch neue Voraussetzungen für solche Formen der Kulturfinanzierung geschaffen wurden, konnte man dabei also auf einen über achtzigjährigen Vorläufer zurückblicken. Heute, nach den Einbußen im Ticketverkauf, die der Archäologische Park von Pompeji während der Pandemie hinnehmen musste, ist die Arbeit mit privaten Sponsoren wichtiger denn je.

Fundraising ist allerdings neben Bilanzrecht, Personalführung und Kommunikation einer der Aspekte, mit denen meine Generation im Studium nicht im Entferntesten in Berührung gekommen ist. Gleichzeitig ist es ein relativ neuer

Sektor im italienischen Museumswesen: Maiuris Pionierarbeit in der Mysterienvilla blieb erst mal ein Einzelfall.

Als ich Ende 2015 nach Paestum kam, war das daher wie ein Sprung ins Wasser ohne Schwimmkurs – nicht nur für mich, sondern auch für die Fundraising-Abteilung, die wir aus dem Boden stampften. Auf meiner ersten Veranstaltung im Museum von Paestum, einer Lesung antiker Texte, war einer der lokalen Mozzarella-Produzenten im Publikum (Paestum ist die Urheimat der Mozzarella).

Nach der Lesung sprach ich ihn einfach an, erwähnte, dass wir den Saal mit dem berühmten Tauchergrab dringend renovieren müssten, im Teppich prangten riesige Löcher. Finanzielle Hilfe sei sehr willkommen. Er musterte mich kurz und fragte dann, was das ganze Projekt kosten solle. Ich sagte, fünfzigtausend. Er antwortete, er wolle mal sehen, ob er das nicht alles übernehmen könne. Später gestand er mir, dass er die Entscheidung da schon getroffen hatte, aus dem Bauch heraus.

Externe Experten halfen uns, in die Materie einzudringen – und bestätigten mehr oder weniger, was wir erlebt hatten: Vertrauen und persönlicher Kontakt sind das A und O beim Fundraising. Es geht darum, Werte zu vermitteln, mit denen sich Unterstützer identifizieren können und durch die sie an einem Projekt teilhaben. Das heißt aber auch: das Museum öffnen, transparent sein, deutlich machen, wo es mangelt und wo Hilfe greifbare Resultate bringt. Wer um Spenden bittet, kann das nicht vom hohen Ross aus tun, auf dem manche staatliche Kulturschaffende gerne sitzen. Fundraising hat daher auch mit der Haltung zu tun, mit der eine Institution den Menschen entgegentritt – immer, denn eine Haltung, wenn sie authentisch sein soll, kann man nicht zum

Sponsorentreffen anlegen wie einen Umhang. Je höhere Werte eine Institution verkörpert – kulturell, sozial, ethisch –, je interessanter wird sie für potenzielle Sponsoren. Für die Arbeit mit Menschen mit Behinderung zum Beispiel, die in Pompeji eine Priorität darstellt, haben wir bislang keinen Cent bekommen. Dennoch wäre ohne diese Projekte, die auch von der Museumsbelegschaft ein gewisses Umdenken verlangten, vermutlich insgesamt weniger Unterstützung von privater Seite gekommen.

Im Ganzen sind es – verglichen etwa mit US-amerikanischen Museen, die den Großteil ihres Haushalts aus privaten Mitteln finanzieren – keine exorbitanten Summen, die wir einwerben. Aber es ist ein Anfang. Und auch kleine Beträge aus der Region sind bedeutsam, weil sie, anders als Steuergelder, Ausdruck einer bewussten Teilhabe sind.

Verbotene Riten

Die Erstveröffentlichung der Mysterienvilla von De Petra machte den Fries schlagartig bekannt. Aber was ist darauf eigentlich zu sehen? Viele Archäologinnen und Archäologen meinen, dass der Fries als einheitliche Komposition zu lesen ist, die, zur Tür blickend, an der rechten Wand (Nordwand) beginnt und im Uhrzeigersinn um den ganzen Saal läuft, unterbrochen von einem großen Fenster in der Südwand und den zwei Eingängen. Dargestellt sind junge Frauen in verschiedenen Stadien eines Rituals. Ein Junge beim Lesen (vielleicht von Gebeten?) und Opfergaben sind Thema der Nordwand, die zentrale Ostwand zeigt – unter den Augen von

Dionysus persönlich, thronend neben einer weiblichen Gefährtin (Ariadne oder Semele) – die bevorstehende Enthüllung eines unter einem Tuch versteckten Gegenstandes (ein typisches Element verschiedener Mysterienrituale), es folgen rituelle Auspeitschung und auf der Südwand nackter, sprich: dionysisch entfesselter, Tanz; auf der anderen Hälfte der Südwand und auf den beiden Anten der Westwand sind eine von kleinen Eroten begleitete Braut bei der Hochzeitsvorbereitung und eine auf einem Sessel thronende Matrone zu sehen.

Abgesehen von dem zu enthüllenden Gegenstand, wohl eine Skulptur eines erigierten Penis, ein typisch dionysisches Symbol, lässt das rituelle Auspeitschen an einen dionysischen Ritus denken: Der antike Schriftsteller Pausanias, der im 2. Jahrhundert n. Chr. Griechenland bereiste, erwähnt einen Tempel des Dionysus in Alea auf der Peloponnes, in dem »jedes Jahr ein Fest mit dem Namen Skiereia gefeiert wird; und zu diesem Anlass, auf Geheiß eines Orakels aus Delphi, werden Frauen ausgepeitscht«.[24] Desgleichen ist ekstatischer Tanz zu Flöten und Zimbeln, wie auf dem Fries abgebildet, charakteristisch für dionysische Riten, in denen Frauen und Männer in Trance geraten. Dabei spielt der Wein, Hauptattribut des Dionysus, eine entscheidende Rolle. Die Art, wie der Gott sich auf seinem Thron im Zentrum des Frieses fläzt, lässt erahnen, dass er ebenfalls nicht mehr ganz nüchtern ist. Aber auch die Macht der Musik sollte man nicht unterschätzen: Nicht zufällig erscheinen auf dem Mysterienfries allerlei Musikinstrumente. Neben den Zimbeln in den Händen der Tanzenden werden Leier und Panflöte gespielt. Und ebenso wenig dürfte es Zufall sein, dass Paulus im ersten Korintherbrief, wenn er auf die Hohlheit paganer Riten anspielt, dionysische Zimbeln *(kymbala)* als Metapher für eine sinnentleerte Religiosität benutzt. Offenbar wurde von christlicher Seite besonders der dionysische Kult als potenzielle Konkurrenz wahrgenommen.

Es war jedoch nicht erst das Christentum, das sich mit Dionysus schwertat. Wie erwähnt, bezeugen die *Bakchen* des Euripides, dass bereits im klassischen Griechenland der Kult des Dionysus mit Widerstand zu kämpfen hatte. Wie viel schwerer musste er es da bei den sittenstrengen Römern haben! Deren Verhältnis zur griechischen Kultur war, wie wir im vorigen Kapitel gesehen haben, seit jeher gespalten. Das spiegelt sich auch im Götterhimmel wider. Während Apollo, Gott der Harmonie und Wahrheit, schon im 5. Jahrhundert v. Chr. in der Tiberstadt problemlos eingebürgert wurde, war Dionysus' Integration in Rom und Italien ein überaus komplexer und langwieriger Vorgang.

Anders als Apollo, der seinen griechischen Namen in Rom behält, wird Dionysus mit einem archaischen Fruchtbarkeitsgott identifiziert, der jedoch auch spezifisch römische Züge trägt: *Liber*, wörtlich »der Freie«, der mit der Feldgöttin Ceres (welcher im Griechischen Demeter entspricht) verbunden ist. Das Paar Liber/Ceres deckt natürlich ein ganz anderes Feld ab als Dionysus/Ariadne: Wir sind hier im Bereich traditioneller Agrarkulte, die mit dem innovativen, teils visionären Wesen des »neuen Gottes« und seiner ursprünglich sterblichen Partnerin Ariadne nicht viel gemein haben. Dazu kommt, dass Liber als Teil der sogenannten plebejischen Trias aus Liber, Ceres und Libera (eine weibliche Form von Liber) sozial konnotiert wird. Er ist ein Gott der *plebs*, des gemeinen Volks, abschätzig ausgedrückt, des Pöbels. Auch das unterscheidet ihn vom griechischen Dionysus, der zwar ebenfalls beim Volk beliebt war, dessen Kult aber in Athen,

Theben und anderen Städten durchaus Sache der staatstragenden Eliten war.

Das Spannungsverhältnis zwischen Dionysus, im Lateinischen oft auch Bacchus genannt, und traditioneller römischer Religion kulminiert schließlich in einem veritablen Skandal, in dessen Verlauf Köpfe rollen – sowohl aufgrund von Todesurteilen römischer Gerichte als auch durch Selbstmorde darin verwickelter Frauen und Männer. Die Chronik des Skandals, die der römische Geschichtsschreiber Livius in Buch 38 seines Werks liefert, liest sich wie ein Krimi: Geschrieben wird das Jahr 186 v. Chr. Eine gefährliche Sekte hat sich, ausgehend von einem »namenlosen Griechen, der nach Etrurien gezogen war«, in Rom und Italien ausgebreitet; der ursprünglich auf Frauen begrenzte nächtliche Ritus (nach Bacchus als »Bacchanal« bezeichnet) wird durch das Wirken einer Priesterin aus Kampanien auch für Männer geöffnet. Bald sind alle Schichten davon erfasst, von den Sklaven bis zum römischen Stadtadel.

Die Geschichte enthält alle Elemente der Berichte über Pseudo-Gurus, die heute immer wieder an die Medien gelangen. Die Religion ist nur ein Vorwand, eigentlich geht es um Geld und Sex. Siegel und Testamente werden gefälscht zum Zweck persönlicher Bereicherung. Junge Männer werden in den Kult eingeweiht, um sie hörig zu machen und ihnen ihr Vermögen abzuknöpfen. Wer nicht mitmacht oder gar droht, auszusteigen, wird kurzerhand ermordet (die Schreie der Opfer, so Livius, wurden übertönt von »Trommeln und Zimbeln«). Vor allem aber arten die bacchischen Riten bei nächtlicher Musik und Weingenuss in regelrechte Orgien aus, bei denen nicht nur Frauen und Männer übereinander herfallen, sondern während derer es auch – für römische Verhältnisse äußerst problematisch – zu gleichgeschlechtlichem Sex zwischen freien Bürgern kommt.

Der Mysteriencharakter der Riten erleichtert die Geheimhaltung, sind doch die Eingeweihten überzeugt, gegen göttliches Gebot zu verstoßen, sollten sie etwas vom hier Gesehenen preisgeben. Nur eine zufällige Begebenheit führt schließlich dazu, dass einer der beiden römischen Konsuln des Jahres 186 v. Chr., ein gewisser Postumius, dem Treiben auf die Schliche kommt. Doch da waren nach Schätzung von Livius bereits mehr als 7000 Frauen und Männer in den Kult eingeweiht, teils aus höchsten Kreisen. Der Senat, dem Postumius referiert, ist entsetzt. Besonders die Einweihung junger Männer erregt Besorgnis. Sollen etwa auf solche Weise verdorbene Burschen, fragt Postumius die versammelten Senatoren, römische Soldaten werden? Der Konsul versäumt es nicht, darauf hinzuweisen, dass von Religion im traditionellen Sinn nicht die Rede sein könne und dass somit religiöse Bedenken beiseitezuschieben seien. Wenn der Staat in Gefahr ist, hört die Frömmigkeit auf, zumal es sich nach Postumius um eine *prava religio*, eine »verkehrte Religion« handelt: »Nichts ist gefährlicher!«

Die Reaktion der römischen Obrigkeit fällt entsprechend hart aus – obwohl nicht wenige der Opfer der nun einsetzenden Verfolgung aus der römischen Oberschicht selbst stammen:

> »Die Zahl der Hingerichteten übertraf die der ins Gefängnis Geworfenen und belief sich auf eine enorme Zahl an Männern und Frauen aus beiden Ständen. Die für schuldig befundenen Frauen wurden ihren Verwandten oder Vormündern zum

> privaten Strafvollzug übergeben; wo niemand da war, die Strafe zu vollziehen, wurden sie öffentlich hingerichtet. Die nächste Aufgabe der Konsuln bestand darin, alle Bacchuskulte zu unterdrücken, zuerst in Rom, dann in ganz Italien. Nur althergebrachte Altäre und geweihte Bilder waren davon ausgenommen. Der Senat verabschiedete ein Dekret, dass fürderhin weder in Rom noch in Italien Bacchuskulte existieren dürften.«[25]

Eine Bronzetafel mit einer Abschrift des Senatsdekrets *de Bacchanalibus* (»über die Bacchuskulte/riten«) wurde 1640 bei der kleinen kalabrischen Ortschaft Tiriolo gefunden; heute wird sie im Kunsthistorischen Museum Wien aufbewahrt.

Maiuris Grabung

Im Text des Bacchanaliendekrets wird ausdrücklich festgelegt, dass das Verbot sowohl im öffentlichen als auch im privaten Bereich gilt. Damit schien die Deutung des in Pompeji entdeckten Mysterienfrieses vorgegeben. Theoretisch war das 186 v. Chr. erlassene Verbot im 1. Jahrhundert v. Chr., als der Fries geschaffen wurde, immer noch gültig. Sollte es sich demnach bei dem Saal mit dem Mysterienfries um eine private Kapelle handeln, in der die alten Riten trotz des Verbots weitergefeiert wurden? Ein Geheimraum vor den Toren der Stadt, wo sich die Adepten des Bacchuskultes nachts zu ihren Riten versammelten, ähnlich wie später die frühen Christen in den Katakomben vor den Toren Roms? Und, ausgehend davon: Ist der Fries als verschlüsselte Botschaft zu lesen, als eine Art dionysisches Bekenntnis, das die geheimen Inhalte des Initiationskultes den Eingeweihten bei ihren Versammlungen vor Augen führte?

Die Jahrzehnte nach der Entdeckung des Saals mit dem Fries waren für diese Fragen besonders empfänglich. Angesichts der Auswüchse des modernen Kapitalismus und mehr noch des sinnlosen Massensterbens im Ersten Weltkrieg war die Vernunftgläubigkeit der Aufklärung ins Wanken geraten. Was ist aufklärerische Rationalität wert, fragten sich damals viele, wenn sie zu den Schlachtfeldern und Hungertoten des Krieges führt oder sie zumindest nicht zu verhindern vermochte?

Neue Ausdrucksformen von Kunst, aber auch von Spiritualität (man denke z. B. an die Anthroposophie) betonen in der ersten Hälfte des 20. Jahrhunderts die Grenzen des rationalen Denkens und bewerten Irrationales und Übersinnliches neu.

Kunstgeschichte und Archäologie bleiben davon nicht unberührt. Die meisten Archäologen können zwar einstweilen mit den abstrakten Malereien eines Gustav Klimt oder mit Picassos kubischen Bildern wenig anfangen, aber auch sie sind auf der Suche nach neuen Deutungsmustern für scheinbar längst Bekanntes. Mystische und symbolische Deutungen haben Konjunktur; die Entdeckung des Mysterienfrieses fällt in eine Zeit, die auf solch ein Bildwerk nur gewartet zu haben scheint.

Maiuri reagiert auf diese Entwicklung mit Skepsis. Als Sohn eines Staatsanwalts in der süditalienischen Provinz bleibt er einem aufklärerischen Humanismus verbunden. Das wird ihn im Übrigen auch davor bewahren, mit einer anderen Ausdrucksform des neuen Irrationalismus zu stark auf Tuchfühlung zu gehen: dem Faschismus. Obwohl Maiuri über die ganze Zeit des italienischen Faschismus (1922 bis 1943) in verantwortlicher Position in Neapel und Pompeji wirkt, kann er nach dem Zweiten Weltkrieg seine Tätigkeit nach kurzer Unterbrechung fortführen.

An vielen Publikationen zur Mysterienvilla stört den detailverliebten Archäologen und Grabungsdirektor vor allem, dass zu gewagten geistesgeschichtlichen Deutungen ausgeholt wird, wo doch noch nicht einmal der Plan des Gebäudekomplexes bekannt ist, zu dem der Mysteriensaal gehörte. Da wird von geheimen Kultkapellen fantasiert, während der Saal als isoliertes Stückwerk eines noch auszugrabenden Komplexes daliegt – und aufgrund von Witterung, Unzugänglichkeit und mangelnder Denkmalpflege Schaden zu nehmen droht! Nicht einmal eine sachgerechte fotografische und zeichnerische Dokumentation des Jahrhundertfundes liegt vor.

Die neuen Grabungen, die Maiuri zu einem »Entdecker zweiten Grades« der Mysterienvilla machen werden, wollen als Antwort auf die eben genannten Probleme verstanden sein, wie Maiuri in der Publikation der Grabungen von 1931 klarstellt: Verbesserung der Erhaltungsbedingungen, Erstellung einer angemessenen Dokumentation und Klärung der räumlichen und geistesgeschichtlichen Einbettung des Frieses.[26]

Im Rückblick kann man wohl sagen, dass alle Ziele erreicht wurden; ja, Maiuris »Operation Mysterienvilla« ist aus meiner Sicht ein Lehrbuchbeispiel dafür, wie Forschung, Denkmalpflege und Kulturvermittlung zusammenspielen sollten. Wenn heute die Villa Teil des Besucherparcours von Pompeji ist, so ist das Maiuris Vision zu verdanken. Speziell die Rekonstruktion der Dächer ist auf seinen Ansatz zurückzuführen, wenn auch teils erst nach seiner Zeit verwirklicht.

So kann man im Atrium, dem zentralen Hofraum, das antike Dach mit seiner charakteristischen Öffnung *(impluvium)* als Rekonstruktion bewundern. Das schützt nicht nur Fresken und Mosaiken vor der Witterung, sondern vermittelt den Besucherinnen und Besuchern auch eine Vorstellung von Räumlichkeit, Akustik und Lichteinfall in einem 2000 Jahre alten Gebäude. Zwar würden wir heute nicht mehr Betonträger verwenden, wie das nach dem Krieg üblich war (bei Maiuris erster Restaurierung wurde mit Holzbalken gearbeitet, ganz wie in der Antike), denn die schweren Betonelemente führen zu zahlreichen Problemen und sind weniger haltbar, als man anfänglich hoffte. Doch die Grundprinzipien, die hier zur Geltung kamen – Rekonstruktion der antiken Dachstruktur, aber für alle als moderne Zutat erkennbar –, finden noch heute bei der Restaurierung archäologischer Monumente Anwendung.

Auch wer sich heute wissenschaftlich mit der Villa beschäftigt, kommt nicht an Maiuris Werk vorbei. Indem er die Villa fast vollständig freilegen ließ, hat er dem Fries seinen ursprünglichen Kontext zurückgegeben. Ich sage »fast vollständig«, da ein kleiner, zur antiken Zugangsstraße hin gelegener Teil noch immer der Ausgrabung harrt. Dieses Stück wurde nicht enteignet und verblieb in Privathand; die Besitzer errichteten darauf ein Häuschen mit Garten, das bis 2020 bewohnt war. Erst dann gelang es dem Archäologischen Park Pompeji, das Grundstück zu enteignen, sodass wir in den kommenden Jahren die Ausgrabung, die Maiuri begonnen hat, endlich zum Abschluss bringen werden. Allerdings muss dafür erst das Häuschen abgerissen werden.

Wie wichtig der Kontext für die Archäologie ist, haben wir ja schon am Beispiel der Apollo-Statue aus dem Haus des

Citarista gesehen. Der Begriff Kontext stammt ursprünglich aus der Sprachwissenschaft und ist uns im Grunde allen geläufig. »Willst du mit mir gehen?«, kann ein Kindergartenkind das andere fragen, wenn die Gruppe paarweise Hand in Hand die Straße überqueren soll; einige Jahre später hat der Satz eine ganz andere Bedeutung.

Ähnlich verhält es sich mit dem Mysteriensaal: Nur wenn wir wissen, in welchem »Text« der »Satz« steht, sprich: in welchen architektonischen Kontext der Raum mit dem Fries eingebettet ist, erschließt sich seine Bedeutung. Maiuris Folgerungen nach Abschluss der Grabungen lassen es nicht an Deutlichkeit fehlen: Der Komplex ist eine typische Vorstadtvilla; der Mysteriensaal (Maiuri nennt ihn *»oecus«*) fügt sich ohne Probleme in eine Kategorie von zur Meerseite gelegenen Wohnräumen ein, wie wir sie ähnlich sowohl in derselben Villa als auch in vielen anderen römischen Villen finden. Mehr noch: Der Saal ist durch eine Nebentür direkt mit einem Schlafraum mit zwei Alkoven (Bettnischen) verbunden, in dessen Dekoration dionysische Themen aus dem Fries wiederkehren – offensichtlich einer der Schlafräume, die der Hausherr und seine Frau nutzten, je nach Jahreszeit.

Lesen wir, was Maiuri selbst dazu sagt: »Alkoven und *oecus* bildeten also einen einheitlichen Komplex innerhalb der herrschaftlichen Wohnräume der Villa. Schon allein auf Grundlage der beiden von uns vorgestellten Pläne der vorrömischen und römischen Phase des Gebäudes ist es unmöglich, ernstlich zu unterstellen, dass diese Räume im Süd-west-Trakt der Villa vom Rest abgesondert worden seien, um heimlich okkulten religiösen Zeremonien zu dienen, oder dass sie gar eine Art Kapelle oder Versammlungsort für die Mitglieder einer exotischen, vom Staat nicht geduldeten Religion gewesen wären; denn sowohl der Raum mit den Alkoven als auch der ›*oecus*‹ öffnen sich frei zur Vorhalle hin und von dort zu den Terrassen und zum Garten. Kein wie auch immer geartetes Mysterium konnte diesen Raum umhüllen, der so gestaltet war, dass man von seinem Inneren eine wunderschöne und weite Aussicht auf die Landschaft, Berge und Meer hatte, und den seine weite Tür und sein großes Fenster unmöglich vor den indiskreten Blicken der Sklaven und der anderen Mitglieder des Haushalts hätten schützen können.«[27]

Eine andere, einfachere Erklärung des Frieses täte daher not. Diese liefert Maiuri nach eingehender Analyse denn auch in seinem Buch. Das Thema sei, gewiss, dionysisch, jedoch mit einer wichtigen Eigenheit: Die Frauen verschiedenen Alters, die im Zentrum der Riten stehen, seien als Bräute und Matronen zu sehen; die Riten im Zusammenhang mit der Initiation junger Frauen in Vorbereitung auf die Heirat. Ja, angesichts des familiär-intimen Kontextes des Saals sei es wahrscheinlich, dass die Heirat des Besitzers und seiner Gemahlin der Anlass war, diesen Privatraum mit einem Thema auszuschmücken, von dem wir wissen, dass es für die Frauen der Oberschicht eine wichtige Rolle spielte. Denn, so argumentiert Maiuri weiter, das Verbot von 186 v. Chr. sei zwar unseres Wissens nie offiziell aufgehoben worden, doch zeigten zahllose Beispiele gerade auch aus Kampanien, dass dionysische Kultvereine und Priesterschaften längst wieder aufgeblüht waren. Im Bacchuskult gab es auch Priesterinnen, die gewöhnlich aus den angesehenen Familien der Stadt stammten; die Hausherrin der Mysterienvilla war vermutlich eine solche. Kurz gefasst also: Der Fries zeigt Mysterienrituale, aber nicht für eine geheime Kultgemeinschaft, sondern als offen sichtbare Willkommensdekoration für die frisch verheiratete Hausherrin, die vielleicht selbst ein dionysisches Priesteramt ganz offiziell versah.[28]

… erbost, eine Frau vorzufinden

Maiuri hat nicht nur die Diskussion über den Mysterienfries auf eine neue Grundlage gestellt. Er hat auch Größe auf einem anderen Feld bewiesen. Er machte nämlich keinen Hehl daraus, dass seine Deutung des Frieses in wesentlichen Punkten von einer Kollegin vorweggenommen worden war: Margarete Bieber, die bereits das Thema Hochzeit – aus Sicht der Braut – als zentralen Gegenstand des Frieses identifiziert hatte.[29]

Um zu verstehen, was an Maiuris Würdigung von Biebers Vorarbeiten bemerkenswert sein soll, muss man wissen, dass die Archäologie damals noch ein reiner Männerverein war. Schon unter männlichen Kollegen ging es oft wenig fair zu; die Tendenz, sich mit fremden Federn zu schmücken, die Beiträge anderer herunterzuspielen oder ganz unter den Teppich zu kehren, scheint leider zur DNA des *homo academicus* zu gehören. Wie schwer musste es da eine Frau haben, die gleich eine Reihe von roten Linien des Männerklubs überschritten hatte.

Margarete Bieber, am 31. Juli 1879 im westpreußischen Schönau geboren (heute Przechowo, Polen), war eine der ersten Frauen, die an einer deutschen Universität in Klassischer Archäologie promoviert wurde. Auch bei der Lehrbefugnis für den universitären Unterricht schritt sie voran: Sie war die erste Frau, die die Habilitation für das Fach Archäologie erhielt, und die dritte Frau überhaupt, die sich in Deutschland habilitierte. Das Reisestipendium des Deutschen Archäologischen Instituts war ein weiterer Rekord. Es wird seit 1859 an herausragende Absolventen der Archäologie vergeben, denen es das Bereisen von archäologischen Stätten und Museen in aller Welt ermöglicht – ohne Zwang, wissenschaftliche Resultate zu produzieren, wie beispielsweise Artikel oder Bücher. Die Aufgabe besteht einfach im Bereisen und Beschauen antiker Stätten und Museen. Als jemand, dem das Privileg zuteilwurde, dieses Stipendium zu bekommen, kann ich nur betonen, wie wichtig es gerade in unserer leistungsversessenen Zeit ist, eine solche Möglichkeit des scheinbar unproduktiven Reisens und Lernens zu bewahren – ich zehre noch heute von den Eindrücken, Erkenntnissen und Erfahrungen während der sechs Monate, die mich rund ums östliche Mittelmeer führten.

Margarete Bieber brauchte zwei Anläufe, um das Stipendium zu bekommen – einfach deshalb, weil sie eine Frau war. In ihren Memoiren erinnert sie sich, dass der damalige Vorsitzende der Limeskommission, Ernst Fabricius, anlässlich ihrer ersten Bewerbung 1908 gesagt haben soll, solange er Direktor am Deutschen Archäologischen Institut sei, »wird keine Frau je ein Stipendium bekommen!«[30] Im Jahr darauf klappte es dann trotzdem, aber Widerstände blieben bestehen. Aufschlussreich ist die Schilderung ihres Treffens mit den anderen Stipendiaten des Jahres 1909 in Athen:

> »Als die Stipendiaten eintrafen, bemerkte ich bald, dass ich geächtet werden sollte. Sie steckten die ganze Zeit zusammen, aber niemand beachtete mich. Ich beschloss, das Institut zu verlassen und

in eine Pension zu ziehen. Schließlich brach der jüngste und begabteste der Kollegen, Rodenwaldt, das Eis und stattete mir einen Besuch ab. Ich empfing ihn freundlich, lud ihn zu Kaffee und Kuchen ein, und da er deutsche Lieder singen und ich Klavier spielen konnte, mietete ich eines, und wir hatten nette gemeinsame Musikabende, außerdem gute fachliche Diskussionen. Dann kamen, einer nach dem anderen, auch die übrigen und machten mir ihre Aufwartung. Sie wurden zu den Musikabenden eingeladen, und bald bildeten wir eine nette kleine Familie. Ich war die Mutter von fünf Adoptivsöhnen. Von da an wollten sie nicht mehr ohne mich reisen. Wir machten Ausflüge in ganz Griechenland, und sie überschütteten mich mit ihrer Aufmerksamkeit.«[31]

Ablehnung schlug Bieber auch in Milet entgegen, wo sie die vom Deutschen Archäologischen Institut durchgeführten Grabungen besuchte. Zwar empfing sie der Grabungsleiter Wilhelm Dörpfeld freundlich, doch Professor Erich Pernice, der an den Grabungen teilnahm, notierte anschließend in sein Tagebuch: »… besonders schauerlich war die Anwesenheit von Frl. Bieber.« Allein die Tatsache, dass eine Wissenschaftlerin eine Grabung besuchte, entsetzte offenbar manche Herren!

Während des Ersten Weltkriegs, als die Universitätsassistenten reihenweise zum Militärdienst eingezogen werden, holt Biebers Mentor Gerhard Loeschcke sie als Vertretungsdozentin an die Berliner Universität (die heutige Humboldt-Universität). Doch als Loeschckes Nachfolger Ferdinand Noack das Ruder übernimmt, ist er, wie Bieber sich erinnert, »erbost, eine Frau vorzufinden«. Nicht nur die Lehrtätigkeit hat ein Ende; Noack untersagt der Kollegin auch, die wissenschaftlichen Einrichtungen und Sammlungen des Instituts zu nutzen.[32]

Die Porträts dieser Männer – Loeschcke, Noack, Rodenwaldt – zierten übrigens noch das Berliner Institut für Klassische Archäologie, als ich dort in den 2000ern studierte. Ein Porträt von Margarete Bieber suchte man vergeblich. Und erst nach meiner Studienzeit, fast hundert Jahre nach Biebers ersten Lehrveranstaltungen, wurde die erste Professorin für Klassische Archäologie an die Humboldt-Universität berufen.

Für Biebers Bemühen um berufliche Anerkennung war Maiuris Würdigung ihrer Arbeit daher sehr wertvoll. Von der Habilitation bis zur Berufung auf eine Professur in Gießen waren noch einige, teils demütigende Rückschläge hinzunehmen; nicht wenige männliche Kollegen entbehrten der Souveränität Maiuris und versteckten ihre Frauenfeindlichkeit hinter abschätzigen Bemerkungen zu Biebers wissenschaftlicher Leistung, die indes international mehr und mehr anerkannt wurde.

Als sie es dann geschafft hat, im Jahr 1933, wird sie noch vor offiziellem Dienstantritt aus dem Staatsdienst entlassen. Grund ist ihre jüdische Abstammung. In Amerika fängt sie noch mal von vorn an, hat auch da gegen Vorurteile anzukämpfen. 1978 verstirbt sie in New Canaan, Connecticut. Noch 1977 hatte sie – als 98-Jährige! – ein Forschungsstipendium vom *National Endowment for the Humanities* erhalten. Auch damit dürfte sie einen Rekord aufgestellt haben.

Mysterienvilla ohne Mysterien?

Schade, dass einer der jüngeren Beiträge zur Mysterienvilla Bieber nur ganz am Rande erwähnt, obwohl er ihren Ansatz fortführt. Der französische Archäologe und Historiker Paul Veyne hat in einem 2016 erschienenen Buch argumentiert, dass das eigentliche Thema des Frieses die Hochzeit aus Sicht der Braut sei.[33] Von dionysischen Mysterien, so Veyne, könne nicht die Rede sein. Allenfalls handele es sich um humoristische Zitate, aber keineswegs um ernst zu nehmende Hinweise auf Mysterienkulte. Der Korb mit dem verborgenen Gegenstand auf der Ostwand sei der einzig sichere Hinweis auf dionysische Mysterien im ganzen Fries. Abgebildet ist das Getreidesieb, *liknon* auf Griechisch, in dem ein Phallus versteckt war. Beim Ritus spielten diese beiden Gegenstände eine zentrale Rolle, die heute nicht mehr genau verständlich ist. Wie dem auch sei – nach Veyne handelt es sich um eine bloße Allegorie: Die Entdeckung des im Sieb versteckten Phallus durch eine junge Frau spiele auf die Entjungferung in der Brautnacht an.

Dionysus sei daher hier nicht in seiner Rolle als Mysteriengott abgebildet, sondern als populärer Schutzherr von Sinnenfreude, Fruchtbarkeit und Wohlstand. Nicht mystische Frömmigkeit spreche aus dem Fries, sondern überquellende Lebensfreude, gemischt mit Doppelsinn und Humor. So verkörperten die Satyrn und Silene, also die spitzohrigen Waldgeister aus dem Gefolge des Dionysus, hier einfach die männlichen Hochzeitsgäste bei Musik und Trank; eine Mänade, die einem Zicklein die Brust gibt, sei als Allegorie einer zur Hochzeit geladenen Mutter zu verstehen, die ihren Säugling dabeihat.

Was erst einmal befremdlich anmuten mag, macht Veyne Punkt für Punkt an Vergleichsbeispielen aus der antiken Welt deutlich. Besonders wichtig ist ihm der Vergleich des Mysterienfrieses mit einem Fresko, das in den Vatikanischen Museen aufbewahrt wird, bekannt als »Aldobrandinische Hochzeit«.

Die Parallelen, die Veyne aufdeckt, reichen bis in unscheinbare Details: So weist er beispielsweise auf eine Schreibtafel hin, die in sonderbar aufrechter Position auf der Armlehne des Sessels der »Matrone« steht, der rechts der Tür abgebildeten Mutter der Braut. Dabei handelt es sich nach Veyne um den Ehevertrag. Eine ähnliche Tafel findet man auf dem Fresko in den Vatikanischen Museen. In Pompeji wurden etliche solche Tafeln gefunden, sie haben sich wundersamerweise erhalten, obwohl sie aus Holz sind. Die meisten von ihnen enthielten Pacht- und Kaufverträge, in manchen Fällen handelte es sich auch um Schuldscheine.

Paul Veyne präsentiert seine detailreich untermauerte These als »ketzerisch«. In Wirklichkeit spitzt er zu, was Margarete Bieber schon 1928 vorschlug: keine Mysterien, sondern einfach eine originelle, streckenweise in humorvolle Allegorien verpackte Darstellung einer Hochzeit – aus Sicht der Braut, aber gemalt von Männern für Männer. Die lachten vielleicht über die erschrockene Jungfrau angesichts des Penis im Getreidesieb unterm Tuch – für den antiken Humor waren solche Machospäße nicht untypisch.

Die Villa, so Veyne, müsste daher nicht Mysterienvilla heißen, sondern besser »Hochzeitsvilla«. Überhaupt, die Sache mit den Mysterien. Veyne widmet ihnen ein eigenes Kapitel in seinem Buch – nur um zu zeigen, dass sie keine nennenswerte Rolle spielten. Mysterien hätten wenig oder nichts mit

Orgien, Philosophie oder Spiritualität zu tun. Vor allem aber: Die Hoffnung auf ein Leben nach dem Tod, die oft als Parallele zur christlichen Religion aufgefasst wird, werde völlig überbewertet. Es handle sich dabei nur um einen eher nebensächlichen Aspekt. Daher, urteilt Veyne, waren die Mysterienkulte »auch keine Vorwegnahme des Christentums mit seinen ›Mysterien‹ und seiner ganz eigenen Religiosität, es sei denn, man unterstellt, dass beim Thema ›Mystik‹ alles ein und dasselbe ist«.[34]

Da wären wir also wieder beim Korsen in Paris und Gabriellas Einwand. Geht, wer hier Mysterien sieht, möglicherweise abendländisch-christlicher Vorprägung auf den Leim?

Ich würde erstens erwidern, dass die Rolle des Todes in den antiken Mysterienkulten nur scheinbar nebensächlich ist. Sicher – nicht immer ist vom Tod die Rede. Aber im Grunde dreht sich alles um ihn. Dionysus ist laut mystischer Tradition der Gott, der zerfleischt, gegessen und wiedererweckt wird. Das Mysterium des Lebens erwächst aus seiner Endlichkeit – und aus der Möglichkeit, sie zu überwinden.

Zweitens würde ich den Spieß argumentativ umdrehen und fragen: Ist der Versuch von Veyne und anderen, Christentum und Mysterienkulte säuberlich zu trennen, um nur ja keine Parallele zwischen den beiden zuzulassen, unbewusst nicht viel christlicher als die angeblich christlich geprägte Interpretation des Frieses als Mysteriendarstellung? Lässt sich dieser Versuch, das Christentum als eine Spezialreligion zu präsentieren, die rein gar nichts mit anderen zeitgleichen Mysterienkulten gemein hat, nicht in eine Tradition stellen, die stets darauf bedacht war, die christliche Religion als etwas Einzigartiges und außerhalb der Geschichte Stehendes darzustellen? Sie damit loszulösen aus dem Kontext der Geschichte des antiken Mittelmeerraums und ihr die universalgeschichtliche, globale Bedeutung zu verleihen, die sie als absolute, göttliche Wahrheit für sich beansprucht?

Dass die Botschaft Jesu etwas mit dionysischen Orgien oder der heilspendenden Isis zu tun haben soll, hört mancher Kirchgänger vielleicht nicht gern. Und auch Paul Veyne ist bei seiner harschen Ablehnung jeder Analogie zwischen Christentum und Mysterienkulten vielleicht unbewusst einem Impuls aus seiner Kindheit im katholischen Aix-en-Provence gefolgt. Um Missverständnissen vorzubeugen: Ich habe Paul Veyne nicht persönlich kennengelernt und habe keinen objektiven Grund, so etwas zu vermuten – nur die Frage nach dem eigenen Antrieb veranlasst mich zu solchen Spekulationen (denn um nichts anderes handelt es sich) … und der Verdacht, dass auch andere nicht ohne Motor unter der Haube durchs wissenschaftliche Leben fahren.

Ein Soundtrack für den Fries

Einen dezenten Hinweis auf seinen Motor gibt Veyne übrigens in einer Kapitelüberschrift: »Ein dionysischer Sommertagstraum«. Hinter der wissenschaftlich korrekten Haube aus all den Argumenten und Daten dringt hier der Sound des Motors durch. Paul Veynes Buch zu lesen, bedeutete für mich, den Mysterienfries einmal nicht als mystisches Trauerspiel, sondern als Shakespeare'sche Komödie zu verstehen. Oder noch besser: ihn zu betrachten und dabei als Hintergrundmusik nicht schicksalsschwere Klänge zu hören (sagen wir: Brahms' »Deutsches Requiem«), sondern Mendelssohns

Vertonung von Shakespeares *Sommernachtstraum*. Auch hier weiß ich nicht, inwieweit mein Eindruck sich mit den persönlichen Beweggründen des Autors deckt. Jedenfalls hat mich Veynes Buch angesteckt, gewissermaßen meinen wissenschaftlichen Motor angekurbelt: Ich habe es in zwei Tagen verschlungen. Das heißt nicht, dass mich alle seine Argumente überzeugen, im Gegenteil, in etlichen Punkten bin ich anderer Meinung. Aber der Mann kann fahren, und als Leser fährt man gerne eine Runde mit.

Das Gleiche gilt allerdings für einen seiner Landsleute, den Archäologen Gilles Sauron, der im selben Jahr – 1998 – ein Buch zum Mysterienfries veröffentlicht hat, das ins andere Extrem ausschlägt.[35] Sauron zieht noch mal alle Register, um der mystischen Interpretation des Frieses Geltung zu verschaffen. Sein Buch erschien kurz nach dem von Veyne, und man kann die beiden Texte als eine Art Dialog oder Streitgespräch lesen. Oder als ein Konzert, in dem Brahms und Mendelssohn gespielt werden – man kann einen der beiden mehr schätzen, ohne den anderen zu verachten.

So ist es auch in der Archäologie. Unsere Deutungen sind Annäherungsversuche an eine komplexe Realität, die längst vergangen ist. Sich dogmatisch auf eine Lesart zu versteifen, ist das Falscheste, was man tun kann. Denn Sauron untermauert seine These mit nicht weniger detailreichen und ausgefeilten Argumenten, als Veyne es tut. Ein Beispiel aus vielen: Das Paar im Zentrum der Nordwand, gewöhnlich als Dionysus und Ariadne interpretiert, deutet Sauron als Dionysus und Semele, die Mutter des Gottes. Das macht er unter anderem daran fest, dass die weibliche Gestalt genau in der Mittelachse der Wand thront, während Dionysus buchstäblich »unter ihr« steht bzw. liegt. Ein solcherart ins Bild gesetztes hierarchisches Verhältnis, so Sauron, passe nicht zum Liebespaar Dionysus/Ariadne, wohl aber zur Darstellung einer Mutter mit ihrem Sohn. Und wenn man genau hinguckt, beobachtet er, so kann man sehen, dass kurz unter der Lücke, durch die leider der obere Teil von Semele/Ariadne verloren gegangen ist, die Hand der Thronenden zu sehen ist, wie sie einen Stoffzipfel umklammert. Diese Geste, wie Sauron anhand von Vergleichen zeigt, ist typisch für mütterliche Figuren, sogenannte Matronen, die auf diese Weise sicherstellen, dass ihr Schleier nicht wegflattert.

Wie jetzt also? Ist die Archäologie mehr als hundert Jahre nach Entdeckung des Frieses immer noch nicht in der Lage, eine klare Antwort zu geben? Nein, ist sie nicht. Vielleicht werden zukünftige Entdeckungen ähnlicher Bildwerke uns Klarheit verschaffen, vielleicht wird die Diskussion auch noch hundert Jahre andauern.

Das bedeutet nicht, dass wir den Anspruch auf Objektivität aufgeben. Aber Objektivität ist, zumindest in den historischen Wissenschaften, niemals das Privileg eines Einzelnen: Sie entsteht vielmehr aus dem abwägenden Gespräch, aus dem Hin und Her der Argumente, aus wissenschaftlichen Duellen wie dem zwischen Veyne und Sauron, bei denen sich niemand ernstlich wehtut, aber alle eine Menge dazulernen.

Und hinter alldem brummen die Motoren, die jede und jeden von uns antreiben, uns auch ins Getümmel zu stürzen und mitzustreiten. Aus meiner eigenen Erfahrung will ich es mal so ausdrücken: Am Anfang eines wissenschaftlichen Buches oder Artikels steht oft so eine blitzartige Intuition, wie sie Paul Veyne vielleicht mal beim Anblick des Mysterienfrieses hatte: Was, wenn wir das alles mal mit Mendelssohns *Sommernachtstraum* unterlegen? Die Argumente kommen danach. Achtung: Das heißt nicht, dass man sich als Wissenschaftler*in vom Gefühl leiten lassen darf. Nicht leiten lassen, aber tragen, das ja. Wenn dann die Argumente in eine andere Richtung weisen, kann man umlenken und sich anderswohin tragen lassen.

Probieren Sie es mal selbst aus, heute geht das dank Smartphone ja ganz einfach: Stellen Sie sich in Pompeji vor den Mysterienfries und suchen Sie sich den Soundtrack aus, der für Sie am besten dazupasst. Brahms, Mendelssohn, Bach, Mozart … oder Thelonius Monk, Pink Floyd, Bob Marley, Billie Eilish … Der Kreativität sind keine Grenzen gesetzt. Und wer weiß, vielleicht ist Ihr persönlicher Soundtrack ja Grundstein einer neuen Lesart des Frieses – die dann natürlich argumentativ auszutesten wäre.

phischen Gedanken, die Seneca in seinem Kopf herumwälzte, aber erstaunlich wenig über den Mechanismus, der verhinderte, dass er sich bei einer Kutschfahrt den Hintern wund stieß.

Eine weitere Besonderheit des Wagens ist seine Dekoration: Er ist über und über mit Bronze- und Silberreliefs bedeckt, viele davon zeigen erotische Motive. Mänaden und Satyrn kommen sich näher – oder sind schon wild bei der Sache. So ein reich verziertes Gefährt diente sicher nicht einfach zum Transport von A nach B. Wie bei einem Ferrari ging es nur scheinbar ums Fahren. Eigentlich ist das Fahrzeug ein Statussymbol. An jenem Tag, an dem der Wagen zum Anspannen bereit im Hof stand, war wohl irgendeine Zeremonie geplant, zu der ein solches Luxusgefährt gebraucht wurde – der Vesuv hat der Feier dann einen Strich durch die Rechnung gemacht.

Massimos These ist, dass der Wagen für eine Hochzeitszeremonie vorbereitet worden war. Bei antiken Hochzeiten spielte die Fahrt der Braut von ihrem Elternhaus zu ihrem neuen Heim eine zentrale Rolle – durch diesen rituellen Transfer wurde mehr als durch Verträge und Worte klargemacht, dass die Frau von nun an dem Haushalt des Ehemanns angehörte.[36]

In unseren Köpfen spukt daher an diesem Sommertag in Rom auch die Mysterienvilla alias Hochzeitsvilla herum. Gibt es Parallelen zwischen dem Fries und den Reliefs, die den Wagen schmückten? Im Zentrum des Frieses stehen, wie gesagt, nach gängiger Lesart Dionysus und Ariadne. Taucht das Paar aus unsterblichem Gott und sterblicher Frau auch auf dem Wagen auf? Das wäre zwar kein Beweis, aber immerhin ein weiterer Anhaltspunkt, um die Hochzeitsthese zu untermauern – sowohl für die Mysterienvilla als auch für den Prunkwagen von Civita Giuliana.

An jenem Tag kommt eine kleine Neuigkeit ans Licht. Nicht unbedingt eine »Entdeckung«, aber eines dieser Mosaiksteinchen, die langsam ein Bild ergeben. Wie wir schon gesehen haben: Die Entdeckung geht nach der Ausgrabung weiter, ja manchmal fängt sie dann erst richtig an.

Auf der Rückseite des Wagens prangten drei große Medaillons mit Reliefs aus versilbertem Blei. Die beiden seitlichen zeigen erotische Szenen, das zentrale war bisher unleserlich. Die hohe Temperatur der pyroklastischen Welle hat das Blei schmelzen und mit Asche und Staub verklumpen lassen. Jetzt haben die Restauratorinnen und Restauratoren in mühsamer Kleinarbeit ein erstes Detail freigelegt: ein nach links gewandtes Gesicht, eingerahmt vom rechten, abgeknickten Arm.

Diese Geste ist typisch für die Bilderwelt des Dionysus. Mit ähnlich abgewinkeltem Arm ist der trunkene Gott auf einem großen, reliefierten Krater dargestellt, einem Mischgefäß für Wein und Wasser, das in einem Grab bei Derveni in Nordgriechenland gefunden wurde. Vor allem aber ist diese Geste typisch für Ariadne, wie sie von Dionysus entdeckt wird, schlafend, ausgesetzt auf der Insel Naxos. Wir haben dieses Bildmotiv im ersten Kapitel kennengelernt – zusammen mit der Variation, die aus der weiblichen Ariadne einen Hermaphroditen macht, sehr zur Überraschung seines männlichen Entdeckers. Einstweilen handelt es sich um eine Arbeitshypothese, doch eines ist sicher: Die Entdeckung geht weiter! Nicht nur im Labor, sondern auch auf der Grabung, denn die Villa von Civita Giuliana ist noch lange nicht vollständig erforscht.

Achtung, Raubgräber!

Dass die Erforschung der Villa nicht von heute auf morgen erfolgen kann, liegt nicht nur an der Sorgfalt der Archäologinnen und Archäologen, die mit der Freilegung und Dokumentation solch faszinierender Funde wie des Prunkwagens beschäftigt sind. Auch rechtliche und sogar strafrechtliche Gründe spielen eine Rolle.

Das, was sich als ein wahrer archäologischer Krimi entpuppen wird, nimmt seinen Anfang 2017 mit einer Untersuchung der Staatsanwaltschaft von Torre Annunziata, die auch für Pompeji zuständig ist. Bei ihren Nachforschungen kommen die Ermittler einem Ring aus Raubgräbern auf die Schliche, die im Umland von Pompeji in großem Stil antike Villen ausplündern, um ihre Funde auf dem internationalen Schwarzmarkt zu verhökern. Das Sammlersyndrom sorgt für eine anhaltende Nachfrage. Wer sich vor Ort die Hände schmutzig macht, ist dabei nur das unterste Glied in einer Kette, die bis in die höchsten Chargen der Organisierten Kriminalität reicht. Nach Drogen, Menschenhandel und Prostitution gehört der illegale Handel mit Antiken aus Raubgrabungen zu den lukrativsten Branchen der Camorra, wie die neapolitanische Variante der Mafia heißt.

Die pittoreske Vorstellung des schnauzbärtigen, patriarchalen Clanchefs, wie sie in Filmen und Romanen evoziert wird, ist dabei längst von der Realität überholt. Mafiöse Organisationen agieren ebenso global wie Hedgefonds und internationale Unternehmen. Sie sind längst in ganz Europa präsent, diskret, oft in Grauzonen der Legalität. Einnahmen aus Menschen- und Drogenhandel werden in Unternehmen und Immobilien in München, Berlin und Köln investiert, um so »gewaschen« als rechtmäßiger Reichtum in die Taschen der Organisation zurückzukehren.

Archäologische Raubgüter zu »waschen«, ist nicht ganz so leicht, aber immer noch leicht genug, da die Käufer oft zwei Augen zudrücken. Das geraubte Objekt erhält eine Art Scheinbiografie. »Auf einem Dachboden in der Schweiz gefunden«, »aus altem Familienbesitz« sind typische Alibis für illegal ausgegrabene Fundstücke.

Eine weitere Strategie besteht darin, zu behaupten, der Fund stamme aus internationalen Gewässern. Das ist zwar recht unwahrscheinlich, denn 12 Meilen vor der Küste, wo die nationalen Gewässer enden, ist der Meeresgrund fast überall schon so tief, dass die Bergung von archäologischen Funden so gut wie nie vorkommt, schon gar nicht per Zufall beim Fischen, wie oft behauptet. Aber ist die Legende in die Welt gesetzt, muss man erst mal das Gegenteil beweisen, was nicht immer leicht ist.

In Pompeji haben wir gerade so einen Fall: eine Statue des Doryphorus, die im *Minneapolis Institute of Art* in Minnesota, USA, gelandet ist. Der Doryphorus, wörtlich »Speerträger«, ist eines der berühmtesten Werke der griechischen Klassik. Der Bildhauer Polyklet schuf es um 440 v. Chr., um an einem konkreten Beispiel vorzuführen, wie der männliche Körper darzustellen ist – natürlich nackt. Als »Kanon«, im Sinn von »Standard«, »Vorbild«, wurde die Statue daher ursprünglich bezeichnet.

Das Original aus Bronze ist aber nicht erhalten. Wir kennen den Doryphorus daher nur durch römische Kopien in Marmor. Die sind nicht alle exakt identisch und weisen außerdem immer Lücken auf: Mal fehlt der Kopf, mal ein Arm oder ein Bein, mal ist nur ein Torso erhalten. Um das Original zu rekonstruieren, ist es daher wichtig, viele gute und möglichst vollständige Kopien zu kennen und sie miteinander zu vergleichen. Im Fachjargon heißt das Kopienkritik.

Die Statue in Minneapolis ist nicht nur eine der besten, sondern auch eine der Kopien, die nahezu vollständig erhalten ist. Und eine der teuersten! Mit 2,5 Millionen Euro ist sie der kostspieligste Ankauf, den das Museum von Minneapolis je getätigt hat.

Beinahe wäre den Amerikanern die Glyptothek München zuvorgekommen, wo der Doryphorus 1980 ausgestellt war. Über die Schweiz war die Statue angeboten worden, angeblich war sie in den Dreißigerjahren des 20. Jahrhunderts vor der Küste Italiens in internationalen Gewässern gefunden worden. Das Meisterwerk lockte die Kuratoren der Münchner Antikensammlung; um den exorbitanten Preis zu bezahlen, wurde sogar eine Sammelaktion angestoßen. Dann plötzlich die Entscheidung, doch nicht zuzuschlagen. Vorgeblich aus Kostengründen. In Wirklichkeit kursierten aber schon damals Gerüchte, die auch an die Presse kamen, dass mit dem Fund etwas nicht stimmte. Tatsächlich weist die Statue keinerlei Spuren wie Muschelbefall oder Korrosion auf, wie sie typisch für aus dem Salzwasser geborgene Skulpturen sind.

Weniger Skrupel hatten die damaligen Verantwortlichen des Museums von Minneapolis – obwohl sie nachweislich auf dem Laufenden waren! Die italienische Staatsanwaltschaft ist in den Besitz eines Briefwechsels gekommen, in dem die amerikanischen Kuratoren von dem »alten Diebstahl von Stabia« schreiben. Das heißt nicht, dass sie Genaues wussten. Aber das wollten sie vermutlich auch gar nicht. Die Sorge war lediglich, dass die Transaktion vor den Augen der Öffentlichkeit sauber erschien. Das war 1986. Fünfunddreißig Jahre später wurde der Fall wieder aufgenommen. Es scheint mittlerweile erwiesen, dass die Statue 1976 bei Bauarbeiten in Castellammare di Stabia gefunden wurde, im Gebiet der antiken Stadt Stabiae, gelegen unweit von Pompeji, wo die Küste von der Sarno-Ebene zur Sorrentinischen Halbinsel umknickt. Zum Zeitpunkt des Vesuvausbruchs 79 n. Chr. bestand die Stadt schon lange nicht mehr, sie war im Bundesgenossenkrieg 91–89 v. Chr. vollständig zerstört worden.

Auf dem wunderschönen Flecken Land, der die einst bedeutende Stadt beherbergt hatte, zwischen der kampanischen Küste und den steil aufragenden, waldigen Hängen des Monte Faito, entstanden Villen reicher Römer – eine neben der anderen. Der antike Geograf Strabo schreibt einige Jahrzehnte nach der Zerstörung Stabias, dass die Küste Kampaniens von einer ununterbrochenen Reihe von Villen gesäumt sei, »als wäre es eine einzige große Stadt«.[37]

Einige der Villen wurden ausgegraben und sind heute zu besichtigen. Sie unterstehen der Verwaltung des Archäologischen Parks von Pompeji. Im Museum »Libero D'Orsi« in Castellammare di Stabia, das ebenfalls zum Park gehört, sind Fresken und Skulpturen aus den Villen ausgestellt. Ein Ziel meiner Arbeit in Pompeji ist, diese Zeugnisse antiker Kultur besser bekannt zu machen. Denn die künstlerische Qualität der Malereien und Skulpturen aus den Villen von Stabiae übersteigt das, was wir aus den meisten Häusern Pompejis kennen. Hier wohnten Reiche und Superreiche, und das spiegelt sich auch in dem Aufwand wider, mit dem sie ihre Villen ausschmückten.

Der Doryphorus aus Stabiae ist dafür ein gutes Beispiel. An ihm wird auch deutlich, warum das Umland Pompejis nach wie vor den Appetit von Raubgräbern und skrupellosen Kunsthändlern weckt. Nicht nur liegen viele unerforschte Villen außerhalb des bewachten und umzäunten Areals des Parks; sie sind auch potenzielle Goldadern für einen Markt, der nach Kunstschätzen lechzt. Dass das zur Zerstörung des wahren Schatzes führt, ist den Käufern, unter denen sich leider auch ausländische, vor allem amerikanische Museen befinden, gleichgültig. Für die Archäologie besteht ja der eigentliche Gewinn der Fresken und Statuen nicht in ihrem Marktwert, sondern in dem Kenntniszuwachs, den sie uns verschaffen. Um diesen Kenntniszuwachs ganz auszuschöpfen, muss man aber den Kontext eines Fundes kennen. Der Kontext wird bei den Raubgrabungen jedoch zerstört, meist unwiederbringlich. Eine Münze, zum Beispiel, die aus einem Grab entwendet wird, hätte für die Archäologie eine Geschichte preisgeben können, die in diesem Grab enthalten war: Wann wurde es angelegt, welchen sozialen Status hatte die darin bestattete Person, was sagen die Grabbeigaben über antike Vorstellungen vom Leben nach dem Tod aus? Selbst wenn die Münze vom Schwarzmarkt zurück in die Hände der Wissenschaft gelangt, kann sie zu all diesen Fragen meist keine Antworten mehr liefern.

Das Gleiche gilt für den Doryphorus von Stabiae. Der erzählt als Kopie eines griechischen Originals nicht nur von der Kunst des Polyklet, sondern auch von der Art, wie die Römer dieses jahrhundertealte Erbe rezipierten. Um das zu verstehen, wäre es wichtig gewesen, den Aufstellungskontext zu kennen. Stand die Statue in einer Villa, in einem Tempel oder auf einem öffentlichen Platz? Und wenn sie in einer Villa stand, in welchem Teil der Villa? War sie Teil eines Ausstattungsprogramms, das auch andere Skulpturen enthielt, mit denen sie gleichsam in Dialog trat? Fragen, die wahrscheinlich unbeantwortet bleiben werden. Trotzdem wäre es wichtig, dass der Doryphorus nach Stabiae zurückkehrt. Die Villen von Stabiae mit ihrem Skulpturenschmuck, die im Unterschied zur Stadt Pompeji bald nach der Katastrophe wieder auflebten, sind schließlich Teil seiner Geschichte, nicht weniger, als es Polyklet und die griechische Klassik sind.

Nichts für schwache Nerven

In Civita Giuliana hat der Staat dem Antikenhandel einen Strich durch die Rechnung gemacht, als die Grabungen noch im Gang waren. Doch der Verlust ist bereits beträchtlich: Auf knapp 2 Millionen Euro haben Fachleute des italienischen Kulturministeriums die Schäden geschätzt, die durch unsachgemäße Ausgrabung, Zerstörung von antiker Architektur und Mobiliar und den Abtransport von Fresken und Funden hier entstanden sind.

Und das größte Rätsel harrt noch seiner Lösung. In den abgehörten Telefonaten, die zur Aufdeckung der illegalen Grabungen in Civita Giuliana führten, ist von einer *biga* die Rede, also von einem zweirädrigen Wagen. Es muss daher noch eine Kutsche geben! Der Prunkwagen, der 2021 gefunden wurde, kann es nicht sein, denn erstens ist er vierrädrig, und zweitens haben ihn die Raubgräber nicht gesehen – sie gruben ihren Tunnel 3 cm daran vorbei.

An einem Sommertag 2021 steigen wir in die erfrischende Kühle des Niveaus der antiken Villa hinab, sechs Meter unterhalb der engen, zwischen Feldern und Häusern eingequetschten Straße, die hier vorbeiführt. Neben dem Teil des Hofes, wo der Prunkwagen gefunden wurde, sind drei kleine, unverputzte Räume freigelegt worden. Daneben ein Stall, in dem die Überreste zweier Pferde ans Licht kamen. Wir sind hier offenbar im Wirtschaftsteil der Villa. Der Wohntrakt für die Herrschaft liegt auf der anderen Seite der Straße.

Einige Räume wurden schon 1907/08 freigelegt, im Rahmen einer privaten Ausgrabung, wie sie auch am Anfang der Entdeckung der Mysterienvilla stand. Weitere Räume wurden seit 2017 untersucht, dabei kamen auch zwei Opfer des Vesuvausbruchs zutage, von denen Abgüsse angefertigt wurden: ein älterer, gut gekleideter Mann und ein jüngerer mit einfachem Gewand, vielleicht sein Sklave.

Der Rest der Villa liegt, zu großen Teilen, unterhalb der Straße und angrenzender Gebäude. Verbirgt sich dort auch die zweite Kutsche, von der in den Telefonaten der Raubgräber die Rede war? Der Antwort auf diese Frage versuchen wir an diesem Sommertag des Jahres 2021 näherzukommen, und zwar mithilfe der Feuerwehr.

Die Raubgräber sind uns nämlich darin voraus, dass sie sich um Sicherheitsvorschriften am Arbeitsplatz nicht scheren. Sie graben nicht, wie wir, von oben nach unten, sondern mittels eines Netzes aus unterirdischen Tunneln, das seinen Ausgang vom Keller ihres Wohnhauses nimmt, das direkt über der Villa steht, und sich von dort unter benachbarte Grundstücke und die Straße ausdehnt. Die Tunnel durchstoßen antike Mauern, um von einem Raum in den nächsten zu gelangen; sie folgen gewöhnlich den Wänden, an denen Fresken zu erwarten sind, die dann rücksichtslos abmontiert werden.

Beim Blick in den dunklen Tunnel, der von der Grabung

Richtung Straße führt, überkommt mich leichtes Schaudern. Die Tunnel sind so eng, dass man sich darin nur auf allen vieren fortbewegen kann. Wo sie in die Nähe von fragilen Lapilli-Schichten vorstoßen, besteht akute Einsturzgefahr – besonders unterhalb der Straße, über die Autos und Lastwagen rollen. Als Raubgräber braucht man starke Nerven.

Es ist deshalb gar nicht so leicht, sich einen Überblick über das weitverzweigte Netz der Gänge zu verschaffen, das die Raubgräber in jahrelanger Arbeit unter Lebensgefahr angelegt haben. Feuerwehr und Carabinieri helfen uns dabei, Stück für Stück in die unterirdische Welt vorzustoßen, sie zu kartieren und zu vermessen. Heute kommt nicht viel Neues dabei heraus.

Dennoch wird mir dieser Sommertag in Erinnerung bleiben. Denn um an den Tunneleingang zu gelangen, mussten wir einen noch nicht vollständig ausgegrabenen Raum passieren, der sich zum Hof öffnete, genau dort, wo der Prunkwagen geparkt war, und von dem ein enger Durchlass zum Tunnelsystem Eingang gewährte. Etwa ein Meter harter Ascheboden blieb noch auszugraben. Wir spazierten darüber hinweg, ohne viele Gedanken daran zu verschwenden, hatte doch die Ausgrabung der beiden unscheinbaren Nebenräume wenig bis nichts erbracht.

Ein Sklavenzimmer

Aber da lagen wir mächtig falsch. Dieser eine Meter Ascheboden in dem nur 16 Quadratmeter großen Raum entpuppte sich als die schönste Entdeckung, an der ich in meinem Ar-

17 Statue aus gebranntem Ton aus dem Heiligtum von Fondo Iozzino vor den Toren Pompejis an der Mündung des Flusses Sarno.

18a Blick ins Atrium der Mysterienvilla mit vor Ort belassenen Abgüssen von Opfern des Vesuvausbruchs.

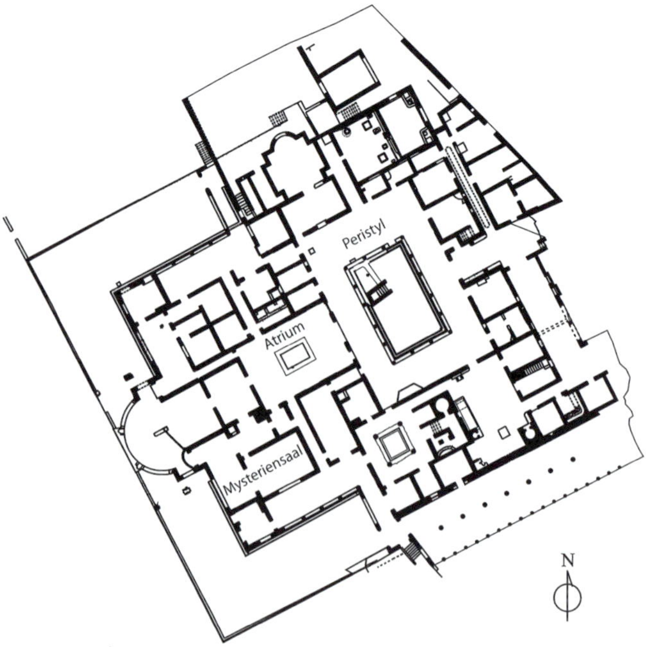

18b Plan der Mysterienvilla. Der als »Mysteriensaal« bezeichnete Raum beherbergt den Fries, nach dem die Villa benannt wurde.

19 Vermutlich nimmt der Fries seinen Anfang in der Nordwestecke. Eine Frau thront auf einem reich verzierten Sessel, auf der Armlehne rechts eine Schreibtafel – der Ehevertrag ihrer Tochter?

20a Raum für geheime Mysterien oder schmuckes Wohnzimmer? Ansicht der Nord- und Ostwand.

20b Teilansicht der Nordwand: Frauen bei rituellen Verrichtungen, ein Junge liest aus einer Schriftrolle.

21a In der Mitte der Ostwand das Paar aus Dionysus und Ariadne (oder Semele?), rechts eine kauernde Frau vor einem verhüllten Gegenstand, daneben eine geflügelte Gestalt, mit einer Gerte zum Schlag ausholend.

21b Teilansicht der Nordwand: Silen und spitzohrige Waldgeister beim Musizieren, einer von ihnen gibt einem Zicklein die Brust.

22 Auf der Südwand setzt sich die Auspeitschungsszene der Ostwand fort, daneben eine Tanzende mit Zimbeln.

23 Der Fries schließt mit einer jungen Frau, vermutlich einer Braut, bei der Toilette, umgeben von zwei geflügelten Eroten.

24a Der Prunkwagen aus der Villa von Civita Giuliana.

24b Der Wagen wurde fast ganz von Vulkanasche eingehüllt.

24c Versilberte Medaillons mit erotischen Motiven auf der Rückseite des Wagens.

25a Das »Sklavenzimmer« in der Villa von Civita Giuliana.

25b Das Lararium (Hausaltar) in einem 2018 ausgegrabenen Haus in Pompeji, das den Namen »Haus des Larariums« erhalten hat.

26 Ein Schrank mit Geschirr und Vorräten, der bei neuen Ausgrabungen 2022 im »Haus des Larariums« zutage kam.

27a Ausgrabung eines Raums mit Pritsche, offengelassener Truhe, Tischchen und »Kochecke« im »Haus des Larariums«, Sommer 2022.

27b Auf der Rückseite des »Hauses des Larariums« brachten die Ausgrabungen einen Raum mit zwei Betten ans Licht.

28a Die Fassade des Grabes von Marcus Venerius Secundio vor dem Sarno-Tor. Der blaue Grund der Bemalung lässt sich erahnen, die dargestellten Pflanzen sind größtenteils verblasst.

28b Nahaufnahme der Inschrift, in der die »griechischen und lateinischen Spiele« erwähnt werden. »U« wird wie »V« geschrieben.

29a Der erste Blick in die gerade geöffnete Grabkammer von M. Venerius Secundio, danach musste alles schnell gehen.

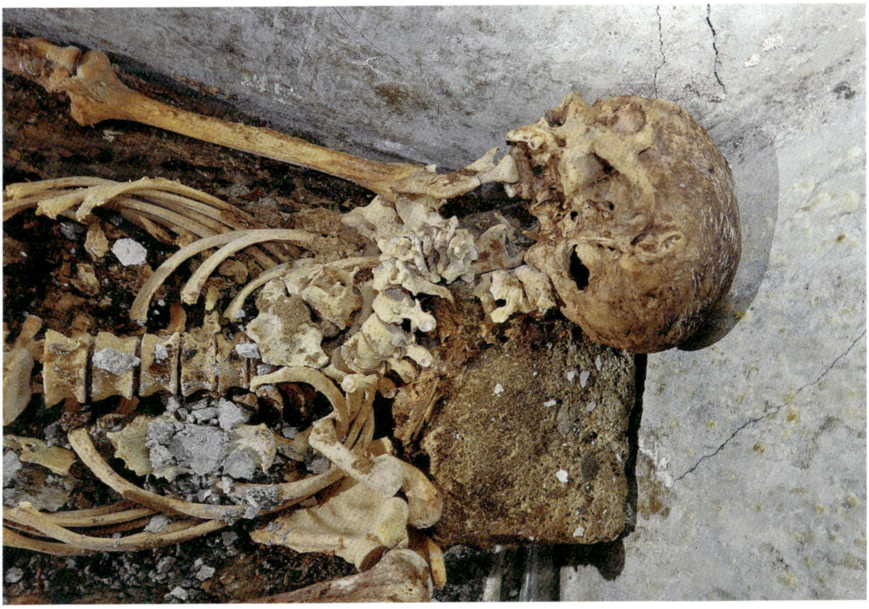

29b Aufgrund der besonderen Erhaltungsbedingungen waren noch Haare und ein Ohr erkennbar.

30a Gipsabguss eines Tors mit integrierter Nachttür an der *Via dell'Abbondanza*.

30b Eingang zu einem typischen »basso« in Neapel, links daneben ein kleiner Altar, wie sie ähnlich auch an den Straßen im antiken Pompeji zu finden waren.

31a Eine Gruppe von Opfern des Vesuvausbruchs aus dem Haus des Goldenen Armbands, aufbewahrt im Antiquarium von Pompeji.

31b Schafe helfen beim Grasmähen im Archäologischen Park, Dezember 2022.

32 Szenen aus Aristophanes' *Die Vögel*, von Jugendlichen im Theater von Pompeji aufgeführt, Mai 2022. Eines der Bilder hängt in meinem Büro.

chäologendasein bislang mitwirken konnte. Und ich sage das als jemand, der das Glück hatte, dabei zu sein, als zu den griechischen Tempeln von Paestum ein weiterer dazukam – ein kleiner zwar nur, aber einer, von dem vom Fundament bis zum Giebel alles erhalten war. Das war 2019, während Restaurierungsarbeiten an der Stadtmauer von Paestum. Auch das ein unvergesslicher Fund, der ein eigenes kleines Buch verdiente.

Aber das hier war anders. Gerade weil es kein Tempel, Grab oder Palast war. Noch nicht einmal ein ansehnliches Haus. Von Wanddekoration und Bauornamenten keine Spur. 16 Quadratmeter ganz alltägliches Elend. Aber auch ein Sich-dagegen-Behaupten; der Versuch, bei aller Enge und Bescheidenheit ein Mindestmaß an Intimität und Gemütlichkeit zu erzeugen. Ganz am unteren Ende der sozialen Leiter. Drei Feldbetten, winziges Fenster, Nachttopf unterm Bett.

Die speziellen Erhaltungsbedingungen in Pompeji, denen wir auch die Abgüsse der Vulkanopfer verdanken, hatten hier praktisch die komplette Einrichtung aus Holz und Stoff bewahrt – wiederherstellbar mit derselben Technik, die für Menschen und Tiere verwendet wird, die von der Ascheschicht eingeschlossen wurden. Hohlräume im Boden werden mit Gips ausgegossen, um so die Form der zerfallenen organischen Materialien (Holz, Leder, Stoff usw.) wiederzugewinnen.

Da standen sie also vor uns, jedes an einer Wand: zwei Betten von 1,70 Meter Länge, eines gerade mal 1,40 Meter lang, offenbar für ein Kind bestimmt. Die Bezeichnung »Bett« ist ein wenig übertrieben. Es handelt sich um die antike Entsprechung von Feldbetten. In vier kantige Eckpfosten werden horizontale Stangen mit rundem Querschnitt eingesteckt, das Ganze lässt sich in fünf Minuten auseinandernehmen und wieder zusammenbauen. Wird das Kind größer, tauscht man einfach die Längsstangen aus; um aus einem Einer- ein Doppelbett zu machen, genügte es, die Querstangen durch etwas längere zu ersetzen.

Von wegen Matratze – die stellte kein Problem dar. Es gab nämlich schlicht keine. Ebenso wenig verfügten diese Betten über einen Rost. Seile und Schnüre wurden an den horizontalen Stangen befestigt – die Abdrücke davon haben sich in der hart gewordenen Asche erhalten –, sodass sich eine Art Hängematte oder besser Hängenetz bildet. Darauf legte man Wolldecken, fertig. Von den Wolldecken haben sich ebenfalls Abdrücke erhalten. Sie zeigen, dass an jenem Herbsttag im Jahr 79 n. Chr. keine Zeit fürs Bettenmachen war. Die Decken lagen verknäult auf den Pritschen.

Unter den Betten stand außer einem Nachttopf je ein einfacher Tonkrug, wohl für Wasser. Hier wurden auch liegende Amphoren gefunden, ohne Verschluss. Leider waren sie teils durch die Tunnel der Raubgräber, die an den Wänden entlang gearbeitet hatten, zerstört, ebenso wie die zur Wand gelegene Hälfte der Betten. Unsere Vermutung ist, dass es sich bei den unter den Betten liegenden Amphoren um die »Koffer« der hier hausenden Sklaven handelte, in denen sie Kleidungsstücke oder andere private Besitztümer aufbewahrten.

Das sind also drei Leben, ein jedes zusammengedrängt auf gut fünf Quadratmetern, auf denen geschlafen, getrunken, die Notdurft verrichtet wurde – und gearbeitet. Denn der Raum war keineswegs »nur« zum Wohnen da, er diente auch als Arbeits- und Abstellkammer. In den Ecken lehnten Amphoren für Wein, Öl oder Getreide (ihr Inhalt wird zurzeit analysiert).

In der Mitte des Raums stand eine kleine Holzkiste, auch sie von der heißen Asche bewahrt. Darin lag Zaumzeug. Der Schluss liegt nahe, dass man hier, als die Katastrophe hereinbrach, mit dem Anspannen des Prunkwagens beschäftigt war, der genau vor der Tür des Zimmers stand. Das wird durch einen besonderen Fund untermauert, der uns anfangs Kopfzerbrechen bereitete, denn ein ähnliches Objekt war unseres Wissens noch nie in einer antiken römischen Siedlung ausgegraben worden. Erst Vergleiche mit modernen Pferdekarren lieferten die Lösung: Wir hatten den Gipsabguss einer antiken Wagendeichsel vor uns, bestehend aus Holz, Seilen, Leder und Eisen, an eines der Betten gelehnt, wo sie trotz überstürzter Flucht und Aschesturm stehen geblieben war.

Gegenüber der Tür hoch oben ein winziges Fenster. Darunter ein rechteckiger Fleck aus weißem Putz, der die einzige Dekoration, wenn man es so nennen will, des ansonsten unverputzten Mauerwerks darstellt. In der Mitte des Flecks ein Nagel. Unsere Vermutung, dass er zum Aufhängen einer Öllampe diente, wurde von der Ausgrabung bestätigt. Am Fuß der Mauer fanden wir tatsächlich eine Tonlampe, am Boden zerschellt im Moment des Vesuvausbruchs. Der weiße Fleck an der Wand diente dazu, das schwache Licht der Lampe zu reflektieren und so etwas zu verstärken.

Dieser Fleck, der schon früh sichtbar war, hat mich immer besonders berührt – natürlich erst, seitdem ich die Geschichte dazu kannte, also den Rest des Zimmers. An solch eine minimale Verbesserung des Komforts, in diesem Fall durch Optimierung der kärglichen Beleuchtung, hat sicher nicht der Herr im Haus gedacht. Das mussten die Bewohner schon selber machen. Aber wie, wenn man Sklave ist und nicht einfach den Maler rufen kann? Ich stelle mir vor, dass vielleicht jemand, der hier wohnte, zu den Malern und Stuckateuren ging, die im Herrschaftsteil der Villa arbeiteten, und so lange bat und bettelte, bis der Meister den Lehrling schickte, um diesem Plagegeist zum Herkules seinen weißen Fleck an die Wand zu spachteln. Oder vielleicht hatte sich auch eine Freundschaft entsponnen, und der weiße Fleck war eine kleine Aufmerksamkeit, womöglich ganz ungefragt, die der Malerlehrling einem Sklavenmädchen schenkte, das hier schlief und abends beim Schein der Lampe gerne mit Puppen und Würfeln spielte.

Alles eine Frage der Kommunikation?

Die Entdeckung des Sklavenzimmers im November 2021 hat nicht nur mein Team und mich tief beeindruckt, sondern auch in der italienischen und internationalen Presse breiten Widerhall gefunden. Wie kam es dazu? Oder anders gefragt: Wie kommunizieren Archäologinnen und Archäologen ihre Entdeckungen eigentlich an die Medien? Es gibt dazu zwei Extremvorstellungen, die beide falsch sind. Die eine grenzt an Naivität, die andere gehört ins Reich der Verschwörungstheorien.

Die naive Vorstellung lautet, dass wir Archäologen einfach alles rausgeben und es dann an den Journalistinnen und Journalisten liegt, zu erkennen, was eine Überschrift auf der Titelseite wert ist. So funktioniert es natürlich nicht. Journalistinnen und Journalisten sind im Allgemeinen zwar überdurchschnittlich gebildet, informiert und extrem aufnahmefähig, können aber nicht Experten in allem sein. Wer einen archäologischen Park wie den von Pompeji leitet, muss deswegen ein Gespür dafür entwickeln, was man wie vermitteln kann in den Medien. Das ist alles andere als eine zweitrangige Kompetenz, denn es geht hier im Kern um die Frage, wie Archäologie und Gesellschaft kommunizieren.

Als ich 2015 in Paestum anfing, hatte ich das Glück, einen Schutzengel zu haben. Eines Tages saß Patrizia Nicoletti bei mir im Büro und bot ihre Mitarbeit an. 1980 hatte sie als Kunsthistorikerin im Ministerium angefangen, nach dem schweren Erdbeben, das damals die Region Kampanien heimgesucht und über dreitausend Menschenleben gefordert hatte. Ihre ersten Jahre in der Denkmalbehörde verbrachte sie mit der Inspektion eingestürzter oder einsturzgefährdeter Kirchen, Klöster, Palazzi und sonstiger Kulturgüter. Neben der Arbeit hatte sie sich zur Kommunikationsexpertin fortbilden lassen, jetzt langweilte sie sich ein bisschen im Denkmalamt. Die letzten Jahre bis zu ihrer Pensionierung brauchte sie sich nicht mehr zu langweilen, denn in dem Abenteuer, Paestum zu einem modernen, autonomen Park zu machen, spielte sie eine entscheidende Rolle.

Von ihr habe ich gelernt, dass Kommunikation zwar nicht alles ist, dass aber alles Kommunikation ist. Damit ist gemeint, dass Kommunikation nicht bei der Pressemitteilung anfängt und bei den sozialen Netzwerken aufhört. Kommunikation fängt innerhalb der Organisation an, und zwar schon damit, wie wir jeden Tag miteinander reden. Wenn man genau hinsieht, kann man leicht erkennen, dass ungefähr 80 Prozent der Archäologie und Museumsarbeit Kommunikation ist – beim Management kann man ruhig von 90 Prozent ausgehen. Ein Direktor ist wie ein Dirigent, der selbst keinen einzigen Ton hervorbringt, aber dafür zu sorgen hat, dass 60 Musikerinnen und Musiker harmonisch zusammenspielen: Es liegt alles an der Kommunikation.

Ich sprach sämtliche Texte mit Patrizia durch – alle Pressemitteilungen, aber auch Beiträge, die ich für Tageszeitungen verfasste, Interviews, wichtige Briefe und sogar Dienstanweisungen, die das Potenzial hatten, Unmut zu schüren. Mit ihrer ruhigen, stets etwas verrauchten Stimme wurde sie nie müde, mir alle ihre Einwände und Verbesserungsvorschläge zu erläutern, und zwar mit schonungsloser Ehrlichkeit.

Paestum war schwierig, vor allem am Anfang: Wir mussten alles aus dem Boden stampfen, vom Pressebüro bis zur Buchhaltung. Auf der anderen Seite machte gerade das die Sache leicht: Wer von null startet, hat viel Raum zum Wachsen. Jeder kleine Fortschritt wurde dankbar aufgenommen.

Pompeji ist eine ganz andere Geschichte. Die Besucher sind fast zehnmal so viele. Und die Kommunikation folgt einer ganz anderen Logik. Wir sind im Auge des Zyklons. Während ich in Paestum durch die Presseschau scrollte mit der Hoffnung, unseren Park in den wichtigen Tageszeitungen wiederzufinden, bin ich in Pompeji heilfroh, wenn nichts über uns drinsteht, mal abgesehen von den Tagen, an denen wir eine Mitteilung lancieren. Über wahre oder vermeintliche Skandale, Unfälle, Probleme und Machenschaften in Pompeji zu schreiben, fördert anscheinend den Absatz; die Zeitungen fahren darauf jedenfalls ab, vor allem die kleinen, die leider oft ums eigene Überleben kämpfen und nach jedem Strohhalm greifen.

Ein Beispiel: Wenige Monate nachdem ich in Pompeji angefangen hatte, entdeckten die örtlichen Carabinieri in einer ehemaligen Industrieanlage, für die der Park ein Projekt zur Nutzung als Ausstellungsfläche und Museumsdepot auf den

Weg gebracht hatte, eine illegale Marihuana-Plantage. Daraus wurde in der Lokalpresse: »Marihuana-Plantage in Pompeji entdeckt«, »Pompeji: Marihuana-Plantage im Archäologischen Park«, »Marihuana in den Grabungen von Pompeji angebaut« usw. Die Leserinnen und Leser fragten sich natürlich, wie es denn möglich sei, dass in einer Weltkulturerbestätte so was passieren kann. Dabei liegt die Industrieanlage nicht mal in der modernen Gemeinde Pompei, sondern in der Nachbargemeinde Scafati.

Marella Brunetto, Chefin des Pressebüros von Pompeji, bringt so was nicht aus der Fassung. Sie hat Schlimmeres durchgemacht. Sie war für die Kommunikation zuständig, als in Pompeji allmonatlich Mauern einstürzten, während gleichzeitig die Gelder auf dem Konto liegen blieben, weil das Management nicht in der Lage war, die Restaurierungsprojekte in Gang zu bringen. Anschließend fuhr sie mit dem Schicksalsrad – beruflich betrachtet – von ganz unten nach ganz oben. Als dank eines EU-finanzierten Großprojekts Pompeji weltweit endlich wieder für positive Schlagzeilen sorgte, atmete Marella auf, obwohl die Arbeit eher mehr denn weniger wurde.

Kommunikation ist eben eine Technik wie jede andere, aber man kann nur das kommunizieren, was da ist. Wenn es eine eingestürzte Mauer ist, ist es eben das; wenn nach Jahrzehnten ein Haus wieder fürs Publikum zugänglich wird, ist das schön, aber auch hier gelten dieselben Gesetze der Kommunikation.

Pompeji ist, was die Sichtbarkeit anbelangt, schwindelerregend weit oben. Aus jeder Mücke kann ein Elefant werden. Mit Marella als Co-Pilotin versuchen wir, Luftlöcher und Turbulenzen zu umsteuern. Bei einer wichtigen Entdeckung sorgen wir dafür, dass vor offizieller Bekanntgabe keine Fotos oder Details durchsickern – damit würde uns nämlich die Steuerung entgleiten. Wir versuchen auch zu vermeiden, an einem Tag an die Öffentlichkeit zu gehen, an dem andere wichtige Ereignisse von nationaler Tragweite anstehen, soweit voraussehbar. Und natürlich wird alles so geplant, dass wir den Bitten um Fernsehinterviews vor Ort auch entsprechen können, ich also am »Tag danach« nicht auf Dienstreise oder anderweitig verplant bin.

Der Seltenheitswert des Alltäglichen

Aber damit hat es sich auch schon. Ein Tag hin, ein Tag her ... die Grabung noch etwas laufen lassen oder einen erreichten Zwischenstand verkünden – das ist der Spielraum, den wir haben. Natürlich freuen wir uns über jede neue Entdeckung. Und zugegeben, ein bisschen Stolz auf die Arbeit ist auch dabei. Archäologie ist Teamarbeit, die jeder und jedem viel Geduld und Fleiß abverlangt. Eine schöne Entdeckung ist wie eine Oase, an der sich die Karawane ausruht, bevor sie die nächste Durststrecke in Angriff nimmt. Und natürlich ist es auch wahr, dass ein archäologischer Park, der durch neue Forschungen und Entdeckungen von sich reden macht, Publikum anzieht. Aber das sind alles Nebeneffekte – willkommen, aber nicht ausschlaggebend; der eigentliche Grund, aus dem wir diese Form von Kommunikation pflegen, ist ein anderer. Archäologie und Denkmalpflege werden von der Gesellschaft finanziert, sei es durch Eintrittstickets, Steuergelder oder Spenden. Im Gegenzug, finde ich, haben wir die

Pflicht, die Öffentlichkeit über die Resultate unserer Arbeit zu informieren. Und zwar zeitnah und allgemein verständlich und nicht nur in Fachpublikationen, die außerhalb des Faches niemand versteht und die Jahre oder sogar Jahrzehnte brauchen, bis sie erscheinen.

Leider sieht ein kleiner, aber stimmgewaltiger Teil der italienischen Öffentlichkeit das anders. Ihr Vorwurf an die Adresse von Direktoren, die offensiv kommunizieren, lautet, dass dies nichts weiter als Sensationalismus sei. Es handle sich um *scoperte a orologio*, im Deutschen etwa wiederzugeben mit »Entdeckungen nach Drehbuch«. Als hätten wir einen geheimen Plan, der alle paar Monate eine »sensationelle Entdeckung« vorsieht, die wir aus der Schublade ziehen – womöglich sogar auf Anweisung von höchsten Ebenen des Ministeriums, das die archäologischen Sensationen subtil nutzt, um von anderen Themen abzulenken, und zwar immer genau im richtigen Moment!

Wer das Handwerk des Ausgrabens kennt, weiß, wie absurd diese Vorstellung ist. Doch wie jede Verschwörungstheorie ist auch diese immun gegen sachliche Argumente. Im Gegenteil: Jede Evidenz für die Harmlosigkeit unseres Vorgehens wird nur als weiterer Beweis für unsere Raffinesse angesehen, die anderen in die Irre zu führen. Dahinter muss doch irgendein verteufelter Plan stecken! Je mehr man sich in solche Spekulationen verstrickt, desto schwieriger wird es, stelle ich mir vor, sich irgendwann einzugestehen: In Wirklichkeit ist alles ganz einfach. Wer gräbt, findet. Und wer findet, sollte seinen Mitbürgerinnen und Mitbürgern, die die Suche mitfinanzieren, davon Rechenschaft ablegen, oder?

Als wir den Sklavenraum von Civita Giuliana vorstellten, titelte der *Fatto Quotidiano*, eine der wichtigsten Tageszeitungen Italiens: »Pompeji & Company: Hochgeputschte Scoops zwischen Millionen mit der Gießkanne und Karrieren«.[38] Das Ganze sei nichts weiter als ein Schwall Gips, gegossen in Hohlräume im Boden (was rein technisch zutrifft), der hier wieder mal zum Zweck von »Marketing« und »Propaganda« als »sensationelle Entdeckung« verkauft würde.

Ich rief den Chefredakteur an und bat um die Möglichkeit einer Gegendarstellung. Mein Text wurde ungekürzt gedruckt, allerdings mit einem anderen Titel als dem von mir vorgeschlagenen. Das passiert fast immer, und zwar auch den redaktionsinternen Autorinnen und Autoren. Die Titel machen nämlich die »Blattmacher«, die dafür verantwortlich sind, wie die Seite als Ganze aussieht.

Ich hatte Glück, der von ihnen gewählte Titel war viel besser als meiner: »›Sklavenzimmer‹ in Pompeji: Der Seltenheitswert des Alltäglichen«. Damit ist getroffen, was die Besonderheit dieser Entdeckung ausmacht. Aber der »Seltenheitswert des Alltäglichen« ist auch ein Programm, das als Überschrift für meinen persönlichen Zugang zur Archäologie und zu Pompeji stehen könnte. Die Energie für meinen Motor, gewissermaßen.

Man muss sich klarmachen, dass Geschichtsschreibung und Archäologie eine verkehrte Welt hervorbringen, eine, die gleichsam auf dem Kopf steht. Texte, Inschriften, Bauten, Gräber, die nach dem Willen einer winzigen Minderheit Reicher und Mächtiger gestaltet sind, stellen die überwältigende Mehrheit unserer Quellen dar. Was in unserer Gegenwart Seltenheitswert hat – die Welt der Superreichen und Mächtigen –, dominiert somit den Blick auf die antike römische Welt.

Das liegt ein Stück weit in der Natur der Überlieferungsgeschichte: Die Armen schreiben selten Tagebücher, Briefe und Abhandlungen, und noch seltener sind sie erhalten. Auch die archäologischen Erhaltungsbedingungen bevorteilen die antike *upper class*: Tempel, Paläste und Mausoleen hinterlassen dauerhaftere Spuren als Hütten, Zelte und Werkstätten. So kommt es, dass sich der Blickwinkel der Elite wie eine Leinwand über die antike Realität schiebt, auf die eine ganz bestimmte Vision der Wirklichkeit projiziert wird. Zum Beispiel stammt das, was wir über das Leben antiker Sklaven wissen, fast ausnahmslos aus Texten von Sklavenbesitzern oder aus Inschriften einer kleinen Gruppe reich gewordener Freigelassener. Und das, was wir über das Leben antiker Frauen wissen, stammt zu über 90 Prozent aus der Feder von Männern.

Pompeji ist wie ein Riss in der Leinwand, durch den wir die Möglichkeit haben, einen Blick hinter die offizielle Version der Geschichte zu werfen. Das Besondere an Pompeji sind darum weder seine Tempel (viel gewaltiger sind die Tempel von Paestum und Pozzuoli) noch das Amphitheater oder das Theater (größere gibt es in Rom, Capua oder Verona). Vielmehr ist es das Gewebe aus Werkstätten, Wohnungen, Schenken, Absteigen, Läden, Bädern und Bordellen, das Pompeji zu einem einzigartigen Ort für die Archäologie macht. Auch die berühmten Wandfresken Pompejis sind kostbar weniger aufgrund ihrer künstlerischen Qualität (auch wenn manche kaum hinter den Fresken aus den Kaiserpalästen Roms zurückstehen) als aufgrund ihrer Zahl und ihrer Erhaltung vor Ort. Das macht es möglich, antike Kunst in ihrer Lebenswelt zu verstehen, als Teil alltäglichen Lebens in den Häusern der Ober- und Mittelschicht.

Das Sklavenzimmer von Civita Giuliana öffnet den Riss in

der Leinwand einen Spaltbreit weiter. So hausten also die Sklaven, die in den Texten antiker Schriftsteller immer nur am Rande vorkommen und über deren Schlafräume kaum je ein Wort verloren wird. Oder öffnet das Zimmer einen Blick auch auf den Alltag von rechtlich freien Frauen und Männern, die in ärmlichen Verhältnissen lebten? War das, was wir hier sehen – drei Pritschen auf 16 Quadratmetern – gar die Lebenswirklichkeit der Mehrheit der Bevölkerung Pompejis?

Ich glaube: Ja. Aber um das zu erklären, müssen wir etwas weiter ausholen – um schließlich bei einer weiteren Entdeckung anzugelangen, die 2022 erfolgte und diese Hypothese zu bestätigen scheint. Nur so viel sei vorweggenommen: In den letzten Jahrzehnten vor dem Vesuvausbruch von 79 n. Chr. lebte Pompeji am Rand der Katastrophe – nicht nur wegen der bevorstehenden Eruption, sondern auch, weil die Stadt ökonomisch und sozial auf wackeligen Beinen stand, stets am Rand des Zusammenbruchs.

Wie viele waren es?

Um eine Vorstellung vom Leben im antiken Pompeji zu bekommen, ist es wichtig, zu wissen, wie viele Menschen in der Stadt lebten. Es macht einen Unterschied, ob ein Raum durchschnittlich eine oder drei Personen beherbergte, auch wenn es sich nur um Mittelwerte handelt, die bestenfalls eine Annäherung an die antike Lebenswirklichkeit ermöglichen.

Die Generation meiner Großeltern wusste davon ein Lied zu singen: Nach dem Zweiten Weltkrieg, als viele Wohnungen zerstört waren (so auch die der Eltern meiner Mutter in

Regensburg), wurden Ausgebombte und Flüchtlinge aus Ostpreußen einquartiert, wo es ging. Die Häuser blieben dieselben, aber das Leben unter beengten Verhältnissen – oft in Gemeinschaft mit völlig Fremden – änderte sich gewaltig.

Nach ein paar Jahren ging es in eine der Mietskasernen, die am Rand von Regensburg aus dem Boden gestampft wurden. Meine Mutter schlief in einer winzigen Kammer in einem Schrankbett, das meine Schwester und ich als Kinder benutzten, wenn wir zu Besuch kamen. Bis die beiden Brüder meiner Mutter auszogen, schliefen sie im Wohnzimmer, das allabendlich von einem sterilen Repräsentationsraum in eine Schlafstätte umgewandelt wurde und morgens vor der Schule wieder zurück. Das alles aufgrund der hypothetischen Möglichkeit eines unangemeldeten Besuchs, der im Wohnzimmer bei Kaffee und Keksen zu empfangen war. Da das äußerst selten vorkam, blieb der Raum tagsüber praktisch ungenutzt. Der einzige heimelige Raum (und der einzige, der im Winter richtig geheizt wurde) war die Küche, weil hier meine Großmutter regierte, die auch emotional die Zentralheizung der Familie war. Die Küchenbank konnte man aufklappen und als Truhe benutzen, gleichzeitig diente sie als zusätzliches Bett.

Auf einer ganz ähnlichen Bank schlief einer meiner Mitarbeiter in Paestum während seiner Kindheit in einem kleinen Dorf im bergigen Inland, an den Hängen der Monti Alburni. Von Roscigno, so heißt der Flecken, sieht man das Meer, aber die Bauern, die dort bis in die 1970er-Jahre mit dem Esel aufs Feld zogen, waren nie darin geschwommen; die Idee wäre ihnen absurd vorgekommen, so wie wenn uns jemand vorschlüge, auf dem Mond spazieren zu gehen. Domenicos vierköpfige Familie lebte in zwei Zimmern, von denen eines die Küche war. Nach aktuellem Sprachgebrauch also eine Einzimmerwohnung. Das war bereits ein Fortschritt, denn als Domenico geboren wurde, das war 1960, wohnte die Familie noch in einem einzigen Zimmer, in dem alles stattfand – und das keine Tür hatte! Da es von einer Wohnung abgeteilt worden war und keinen eigenen Zugang besaß, stieg man zum Fenster ein und aus.

Das ganze Dorf war Anfang des 20. Jahrhunderts verlegt worden, weil es durch häufige Erdrutsche akut gefährdet war. Das alte Dorf, Roscigno Vecchio, eine Art Pompeji des 19. Jahrhunderts, verfällt vor sich hin, weniger als zwei Kilometer vom neuen entfernt. Der Heimatverein bietet Führungen an. Abgesehen von der Beengtheit hat mich immer der Maßstab der Häuser und Möbel beeindruckt. Es ist, als ob alles ein paar Nummern kleiner wäre, sodass derselbe Eindruck eines Puppenhauses entsteht, den Goethe in Pompeji empfand. Von der Gabel zu Stuhl, Tisch und Truhe – alles ist kleiner als heute üblich. Auf mich wirkt alles schöner, menschlicher, maßvoller. In einer Küche von Roscigno Vecchio – Holzherd, winziger Tisch, kinderzimmerartige Stühle, kleine Teller und Blechgabeln – würde ich gerne eine Nacht schlafen. Im Vergleich dazu scheinen mir unsere Gabeln und Messer aus Edelstahl überdimensioniert, unsere Stühle wie lächerliche Throne einer übergewichtigen Konsumgesellschaft, unsere Wohnzimmercouchen wie Materie gewordene Garantien, sich vor dem Fernseher bloß nicht ungewollt zu nah zu kommen.

Roscigno leidet heute unter der Entvölkerung, die das bergige Inland Kampaniens seit den Neunzigerjahren des letzten Jahrhunderts erfasst und mittlerweile dramatische Ausmaße angenommen hat. Wo einst an die zweitausend Menschen lebten, sind heute noch 640 Einwohner gemeldet.

Viele davon wohnen aber aus Berufsgründen tatsächlich anderswo. Vor allem junge Leute ziehen weg, Felder und Olivenhaine verwildern. In dem mehrstöckigen Haus, in dessen Erdgeschoss das Zimmer liegt, in dem Domenicos Familie lebte, wohnt heute ein alter Mann ganz allein.

Würde dieses Haus in tausend Jahren von Archäologen ausgegraben, was bliebe noch von dieser Geschichte? Dasselbe Haus, das einst etwa dreißig Bewohnerinnen und Bewohner beherbergte und heute so gut wie leer steht – welche Spuren bleiben davon im Boden?

Das beschreibt ganz gut das Problem, das wir in Pompeji haben. Wir kennen zwar etwa zwei Drittel der antiken Stadt, haben eine unvergleichlich genaue Vorstellung der Wohnviertel. Doch die Schätzungen, wie viele Menschen darin lebten, klaffen weit auseinander. Dabei ist es vielleicht kein Zufall, dass frühere Archäologen-Generationen, die selbst noch eine Welt von »Enge und Kleinheit« erfahren haben, von einer wesentlich dichteren Bevölkerung ausgingen als Archäologen der Nachkriegszeit und der jüngsten Vergangenheit.

In der zweiten Hälfte des 19. Jahrhunderts ging Giuseppe Fiorelli, der als Erster die von den Vesuv-Opfern hinterlassenen Hohlräume mit Gips ausgießen ließ, von einer Bevölkerung von 12 000 Menschen aus. Andere fanden das zu niedrig angesetzt. Heinrich Nissen, ein deutscher Althistoriker, ging von 20 000 Bewohnerinnen und Bewohnern aus. Sein Landsmann Karl Julius Beloch, der im Alter von 16 Jahren wegen eines Tuberkuloseleidens nach Sorrent unweit von Pompeji auswanderte und in Italien als Professor Karriere machte, war etwas vorsichtiger. Er schätzte die Einwohnerzahl der antiken Stadt immerhin auf 15 000.

Neuere Schätzungen aus der Nachkriegszeit bis in die jüngste Zeit unterbieten Fiorelli noch einmal deutlich. Sie gehen von 8000 bis maximal 12 000 Einwohnerinnen und Einwohnern aus. Wie sich das auf unser Bild vom Leben im antiken Pompeji auswirkt, zeigt sich an einem Beitrag eines amerikanischen Archäologen, der 1975 erschien. In *Mittel- und Unterschicht-Wohnungen in Pompeji und Herculaneum* kommt James Parker zu dem Schluss, dass die »unteren Schichten« der Bevölkerung Pompejis in »überraschendem Komfort« lebten, wie er »in Westeuropa bis ins 19. Jahrhundert nicht seinesgleichen fand«. Er begründet diese Einschätzung auch mit dem weitläufigen Wohnraum, der seiner Meinung nach den Menschen zur Verfügung stand.[39]

Ein Fund, der alles ins Wanken bringt

Doch dann ist irgendwann das passiert, was die Archäologie so unberechenbar macht – und so faszinierend. Ein Fund, den niemand gesucht, geschweige denn erwartet hat und der uns zwingt, nach hundertfünfzig Jahren das, was als Erkenntnisfortschritt erschien, von einem Tag auf den anderen komplett zu hinterfragen.

2017: Erster Spatenstich für Bauarbeiten am Bürokomplex »San Paolino«, gelegen außerhalb des Stabianer Tors an der mit großen Basaltsteinen gepflasterten Straße, die in der Antike Pompeji mit Stabiae verband. Der zweistöckige Altbau aus dem 19. Jahrhundert soll in eine Bibliothek mit Gästezimmern für Forscherinnen und Forscher aus aller Welt umgewandelt werden. Dazu muss das steil zur antiken Straße abfallende Terrain abgeflacht werden. Möglich, dass dabei Reste antiker Gräber zutage kommen, die üblicherweise die Ausfallstraßen säumten. Innerhalb des Mauerrings war es nämlich aus religiösen Gründen verboten, die Toten zu bestatten. Wie in allen antiken Städten waren die Monumente der Toten vor der Stadt das Erste, was ein Ankommender sah – und das Letzte, wenn es wieder hinaus auf die Landstraße ging.

Dennoch war die Entdeckung des Grabes vor dem Stabianer Tor, das einem der einflussreichsten Männer der letzten Jahre der Stadt gehörte, eine Überraschung. Das Grabmonument hat eine eigentümliche Form: ein Rechteck mit konkaven Fassaden. Vor allem aber prangte auf ihm die längste bisher in Pompeji gefundene Grabinschrift. Darin erinnert der Inhaber des Grabes, der vielleicht zum Zeitpunkt des Vesuvausbruchs noch lebte und sich das Grab nur hatte vorbereiten lassen (das geschah häufig), an sein Lebenswerk.[40]

Bei den alten Römern bedeutete dies vor allem: an Ämter, die man innegehabt hatte, und an wohltätige Werke, die man der Gemeinschaft erwiesen hatte. Letzteres war unerlässlich für jeden, der Karriere machen wollte. Antike Politiker und Würdenträger wurden nicht bezahlt; im Gegenteil, man erwartete von ihnen, dass sie Bauwerke, Gladiatorenspiele, Zirkusrennen, Theaterschauspiele und Ähnliches finanzierten. Dazu mussten sie ordentlich in die Tasche greifen. Was auf den ersten Blick vielen Politikverdrossenen, die über Abgeordnetenbezüge und Ministergehälter maulen, nachahmenswert erscheinen mag, entpuppt sich bei näherem Hinsehen als ein zutiefst undemokratischer Zug der römischen Politik: Politisch mitzureden war somit nämlich nur den Reichen möglich.

Vetternwirtschaft und Klientelwesen blühten nicht nur, sie

waren sogar offiziell anerkannt als Teil des politischen Systems. Bürger aus der Unter- und Mittelschicht banden sich an einen *patronus*, einen reichen Mitbürger mit politischen Ambitionen, der ihnen aus der Patsche half, wenn es nötig war. Das konnte ein kleines Darlehen zu günstigen Bedingungen sein, eine Empfehlung oder eine Portion Vitamin B, wenn es Schwierigkeiten mit der Obrigkeit gab. Im Gegenzug konnte der *patronus* auf die Stimmen seiner »Klienten« zählen, wenn er sich um ein Amt bewarb. Von freigelassenen Sklaven wurde erwartet, dass sie ebenfalls ihrem ehemaligen Herrn als Klienten verpflichtet blieben – selbst, wenn sie finanziell an ihm vorbeizogen.

Die Struktur des römischen Hauses ist ohne dieses soziale System überhaupt nicht richtig zu verstehen. Im Zentrum des Hauses befand sich das Atrium, ein hofartiger Verteilerraum; zu ihm hin öffneten sich Schlaf- und Arbeitszimmer. Das Dach war in der Mitte offen, durch die als *impluvium* bezeichnete Öffnung wurde Regenwasser für die hausinterne Zisterne gesammelt.

Der Eingang des Hauses führte direkt ins Atrium, gegenüber lag das Tablinum, das Arbeitszimmer, wo der Hausherr allmorgendlich Klienten, Bittsteller und Geschäftspartner empfing. Die warteten im Atrium, wobei die Art, wie man wartete, den jeweiligen sozialen Status widerspiegelte: je komfortabler und je näher am Tablinum, desto höher das Ansehen und die Gunst vonseiten des Hausherrn. Doch auch dessen sozialer Stand spiegelte sich im Atrium wider, und nicht nur in der Architektur. Je mehr Leute im Atrium, dem »Wartezimmer« des Familienunternehmens, saßen, desto bedeutender musste dessen Besitzer sein. Wenn der dann in politischen oder finanziellen Angelegenheiten nach Rom reiste, konnte es gut sein, dass er sich selber als wartender Bittsteller im Atrium eines Senators wiederfand.

Manche Häuser in Pompeji haben Wartezimmer, die sich gewissermaßen auf der Straße fortsetzen: Vor dem Haus befinden sich Bänke, auf denen Klienten und Bittsteller warteten. Sieht man solche Bänke vor einem Haus in Pompeji, wie beispielsweise dem der Ceii, kann man davon ausgehen, dass hier ein bedeutender Mann wohnte – oder doch nur einer, der bluffte? Um sicherzugehen, müsste man wissen, wie viele Menschen tatsächlich allmorgendlich auf den Bänken warteten und welche Angelegenheiten sie hierherführten.

Da wären wir also wieder bei der Frage: Wie viele waren es? Wie viele Menschen lebten in Pompeji, wie vielen Bittstellern musste geholfen werden, um etwas zu gelten oder sogar eines der politischen Ämter der Stadt zu ergattern?

Die Antwort, die das Grab vor dem Stabianer Tor gibt, fällt höher als die kühnsten Schätzungen aus. Die Inschrift beginnt mit der Party, die der Grabinhaber dem Volk spendierte, als ihm die *toga virilis*, die Männertoga, verliehen wurde (das markierte den Eintritt ins Erwachsenenalter):

> HIC TOGAE VIRILIS SUAE EPULUM POPULO POMPEIANO TRICLINIS CCCCLVI ITA UT IN TRICLINIS QUINIDENI HOMINES DISCUMBERENT … DEDIT

> »Dieser spendierte zum Erhalt seiner Männertoga dem Volk von Pompeji ein Festmahl mit 456 Triklinien, wobei auf jedem Triklinium fünfzehn Männer lagen …«

Der Ausdruck »Volk von Pompeji« – *populus Pompeianus* – hatte in der Antike eine relativ präzise Bedeutung. Das »römische Volk« – *populus Romanus* – taucht nicht umsonst in der offiziellen Formel *Senatus Populusque Romanus* (»Der Senat und das römische Volk«, abgekürzt *SPQR*) auf, die noch heute die gusseisernen Gullydeckel der italienischen Hauptstadt ziert. Das Wort *populus*, von dem unser »populär« und übers Englische *popular* auch »Pop« abstammen, meinte ursprünglich die männlichen, stimmberechtigten Bürger eines Stadtstaates. Für »Volk« im Sinn von »gemeinem, niederem Volk«, »Pöbel« (auch dieses Wort leitet sich von *populus* ab), sagte man in der Antike *plebs*. Die *plebs* umfasste auch Nichtbürger, Frauen und Kinder; kurz: all das »Füllmaterial« (*plebs* kommt von *com-plere*, »füllen, auffüllen«), das aus Sicht der männlichen Bürger nötig war, um den Staat am Laufen zu halten, ohne eigentlich an ihm beteiligt zu sein.

Wie viele die Bürger waren, lässt sich leicht errechnen: 456 Triklinien für jeweils fünfzehn Männer, das macht 6840. So viele männliche Bürger hatte das antike Pompeji zu dem Zeitpunkt, als der Grabinhaber volljährig wurde – das muss vor der Mitte des 1. Jahrhunderts n. Chr. gewesen sein, wie sich aus anderen Passagen der Inschrift schließen lässt. Sein Name ist übrigens nicht erhalten, aber Massimo Osanna hat gezeigt, dass es sich mit aller Wahrscheinlichkeit um *Gnaeus Alleius Nigidius Maius* handelte, den wohl einflussreichsten Lokalpolitiker Pompejis in den letzten Jahrzehnten vor dem Vesuvausbruch.

Fast 7000 männliche Bürger – damit ist klar, dass Schätzungen, die bei 8000 Einwohnerinnen und Einwohnern ansetzen, ziemlich danebenliegen dürften. Denn zu den männlichen Bürgern sind noch Frauen, Kinder, Nichtbürger, Sklaven und Leute mit Zweitwohnsitz in Pompeji dazuzurechnen, die vielleicht nur sporadisch vor Ort waren, jedoch einen Haushalt inklusive Dienerschaft und Verwalter mit Familie unterhielten. Osanna geht zusammen mit dem Historiker Elio Lo Cascio von einer Gesamtbevölkerung von bis zu 45 000 aus, Sklaven mitgerechnet.[41]

Wie bringen wir sie unter?

45 000 Menschen – das sind doppelt so viele, wie bei den gewagtesten Schätzungen in 150 Jahren Forschungsdiskussion veranschlagt wurden – und vier- bis fünfmal so viele, wie die gängige Forschungsmeinung bis vor Kurzem behauptete. Unser Bild der antiken Stadt wandelt sich damit gewaltig. Runtergebrochen auf Familienniveau, haben wir hier das Äquivalent einer Wohnung, die anstatt für vier Menschen plötzlich für vierzehn Platz bieten soll. Also ein Perspektivwechsel, wie ihn unsere Großeltern am Ende des Kriegs erfahren haben – nur dass die Schwankungen im antiken Pompeji nicht Krieg und Vertreibung geschuldet sind, sondern den Unwägbarkeiten der modernen Forschung: Ein einziger Zufallsfund kann jahrzehntealte Gewissheiten ins Wanken bringen.

Die Frage ist: Wo fanden all die Leute Platz? Wie »eng und klein«, um Goethes Worte zu gebrauchen, war Pompeji tatsächlich, wenn so viele Menschen in der Stadt lebten?

Um eine Antwort auf diese Fragen zu finden, hilft uns der Computer. *Digital Humanities*, also der Einsatz von digitaler

Technologie in den Geisteswissenschaften, ist in der Archäologie besonders wichtig, denn wir haben es mit riesigen, schwer überschaubaren Datenmengen zu tun, die nicht unmittelbar zu uns sprechen, wie das eine historische Textquelle tut. Pompeji ist dafür ein gutes Beispiel.

Wenn man fünf Menschen in einer Wohnung unterbringen will, ist es wahrscheinlich damit getan, sich die Zimmer anzuschauen. Möchte man fünf Familien in einem Mehrfamilienhaus einquartieren, ist ein Plan des Gebäudes sicher von Nutzen. Was aber, wenn man Zehntausende von Menschen auf eine ganze Stadt verteilen soll (und sei es nur am Archäologen-Schreibtisch)? Eine Stadt, die zudem erstens vom Vesuv verschüttet wurde und Jahrhunderte im Boden schlummerte und zweitens noch gar nicht vollständig ausgegraben ist. Etwa ein Drittel der antiken Wohnstadt liegt ja noch unter der Erde.

In solchen Fällen ist ein GIS, ein Geografisches Informationssystem, eine große Hilfe. Durch die Möglichkeit, eine fast unbegrenzte Zahl von Tabellen und Daten mit digitalen Karten zu verknüpfen, können wir verschiedene Szenarien und Modelle durchspielen. Dabei können wir auch Hypothesen für den noch nicht ausgegrabenen Bereich der Stadt aufstellen. Im Fachjargon spricht man von »Extrapolieren«: Daten aus einem bekannten Bereich werden auf einen nicht bekannten projiziert. Wir wissen zwar nicht, was genau unter der Erde schlummert, aber grob wird es stimmen – das ist knapp gesagt die dahinterstehende Logik.

In Pompeji haben wir seit einigen Jahren ein eigenes GIS, von dem Teile seit 2022 über die Website »Open Pompeii« auch für externe Nutzerinnen und Nutzer offenstehen. Mit dessen Hilfe lassen sich die Gebäude der antiken Stadt nach allen möglichen Kategorien ordnen, unter anderem nach Funktion: Haben wir es mit einem Tempel, einer Werkstatt oder einer Wohnung zu tun? Natürlich kann man über Einzelfälle streiten, beispielsweise wenn eine Werkstatt auch als Wohnraum gedient haben könnte. Aber grob dürfte die Zahl der Wohnungen stimmen.

Ich bin mir übrigens bewusst, dass sich die »Grob-dürfte-es-stimmen« in diesem Kapitel häufen: Zahl der Bewohner, Zahl der nicht ausgegrabenen Häuser, Zahl der Wohnungen … Das ist leider nicht zu vermeiden und, nebenbei bemerkt, eines der Hauptprobleme, mit denen jeder, der sich mit antiker Sozialgeschichte beschäftigt, konfrontiert ist. Die Quellengrundlage ist schlicht miserabel. Historikerinnen und Historiker jüngerer Epochen, die es gewohnt sind, mit Archivdaten wie zum Beispiel Steuerlisten oder Taufregistern zu arbeiten, können nur ungläubig den Kopf schütteln, wenn sie sehen, wie wir die Sozialgeschichte antiker Stadtstaaten wie Pompeji, Rom oder Athen aus verstreuten (und nicht selten widersprüchlichen) Schriftquellen und archäologischen Spekulationen zusammenbasteln. Aber forschen heißt manchmal eben Fragen stellen ohne Aussicht auf eindeutige Antworten. Oft bringt eine gute Frage die Forschung sogar weiter, als es angeblich »abgesicherte« Antworten tun.

Der ausgegrabene Teil Pompejis umfasst, glaubt man unserer GIS-Datenbank, 1076 Wohneinheiten. Das Spektrum reicht von Einzimmerwohnungen, die gleichzeitig als Läden dienten, bis zum Haus des Fauns mit mehr als 50 Zimmern im Erdgeschoss – Dutzende weitere lagen im nicht erhaltenen Obergeschoss. Extrapolieren wir diesen Wert auf den nicht ausgegrabenen Teil der Stadt, kommen wir auf etwa 1400 Wohnungen im antiken Pompeji.

Bevor wir jetzt aber die (vermutliche) Einwohnerzahl auf die (vermutliche) Zahl der Wohneinheiten umlegen, müssen wir noch eine Sache klären: Ein Teil der Bevölkerung lebte sicher auf dem Land. Im Umland Pompejis wurden viele Villen und Bauernhöfe ausgegraben. Das am Meer gelegene Oplontis erreichte sogar die Größe eines kleinen Siedlungszentrums mit ein paar Hundert Einwohnern.

Trotzdem glaube ich, dass der Prozentsatz derer, die auf dem Land lebten, viel geringer war als gemeinhin angenommen. Der Anteil der Stadtbevölkerung an der Gesamtbevölkerung im Römischen Reich lag nach verbreiteter Meinung bei 15 bis 20 Prozent. Besonders gewagte Schätzungen gehen von 25 bis 30 Prozent aus. Die Mehrzahl der 45 000 Menschen, die im antiken Pompeji lebten, hätten demnach auf dem Land gewohnt. Doch nichts in den antiken Quellen bestätigt eine solche Annahme. Mein Verdacht ist vielmehr, dass die niedrigen Schätzungen – sicher häufig unbewusst – vom Paradigma des historischen Evolutionismus beeinflusst sind.

Mit dem Begriff »Historischer Evolutionismus« ist eine bestimmte Sichtweise auf die Geschichte der Menschheit gemeint, die sich in Europa im 18. und 19. Jahrhundert ausbreitete. Damals kolonisierten europäische Staaten andere Erdteile, plünderten ihre Ressourcen und Kulturgüter aus, unterdrückten, versklavten und misshandelten ihre Bevölkerungen. Doch das Grauen wurde aus dem öffentlichen Bewusstsein verdrängt, der Kolonialismus als zivilisatorische Wohltat präsentiert. Europa sah sich als Vorreiter in Wissenschaft, Kultur und Religion – den Eroberern folgten Forscher und Missionare auf dem Fuß. Man wähnte sich an der Spitze des »zivilisatorischen Fortschritts«.

Die Kulturen nicht europäischer Völker wurden demgegenüber als rückständig betrachtet. In den »primitiven« Völkern anderer Kontinente meinten europäische Forscher gar ältere Stufen ihrer eigenen Kultur entdecken zu können – so als ob alle Kulturen die gleichen Entwicklungsstufen durchliefen, nur dass manche eben weiter fortgeschritten sind als andere. Daran ist vielleicht etwas Wahres, denn in gewisser Weise lebten zum Beispiel die indigenen Völker Nordamerikas noch in der Steinzeit, als die ersten Europäer dort ankamen: Sie verwendeten kein Metall zur Herstellung von Werkzeugen oder Waffen.

Zentral in dieser Entwicklungsgeschichte (oder »Evolution«) war jedoch eine andere Idee, nämlich dass es immer höher hinausgeht. Je fortgeschrittener und zivilisierter eine Kultur ist, desto höher steht sie. »Besser«, im Sinn von »höherstehend«, als die Steinzeit ist die Bronzezeit, noch besser die Eisenzeit. Ganz oben standen – aus europäischer Sicht – die Europäer selbst.

Wer achtgibt, findet noch heute Spuren dieser Sichtweise, wenn sie auch nicht mehr so offen propagiert wird wie zu den Hochzeiten des Kolonialismus. So wird zum Beispiel bisweilen von »Steinzeitkommunismus« oder von der Rückkehr ins »finstere« Mittelalter gesprochen, um bestimmte Phänomene oder Regime unserer eigenen Zeit zu kritisieren. Dahinter steckt, ganz abgesehen davon, ob die damit ausgedrückte Kritik inhaltlich berechtigt ist, auch eine abwertende Sicht auf die Steinzeit beziehungsweise das Mittelalter.

Wir tendieren dazu, uns den Menschen dieser Epochen überlegen zu fühlen, weil wir mit dem Flugzeug fliegen oder ein Smartphone besitzen. In Wirklichkeit besaßen die Menschen der Steinzeit Fähigkeiten und Kenntnisse, die wir längst verloren haben. Und ohne das Mittelalter hätten wir von den antiken Philosophen und Dichtern so gut wie nichts, denn das meiste ist uns nur dank mittelalterlicher Abschriften erhalten.

Was all das mit dem Verhältnis von Stadt- und Landbevölkerung im Römischen Reich zu tun hat? Die Sache ist, dass die Vorstellung, Geschichte spiele sich entlang bestimmter Entwicklungslinien ab, auch auf Europas eigene Vergangenheit angewandt wurde.

Aus evolutionsgeschichtlicher Sicht geht die Linie vom Dorf zur Stadt und von da zur Megastadt der Zukunft. Das spiegelt sich unmittelbar in unserer Erfahrung der Gegenwart und in unseren Erwartungen für die Zukunft wider, die uns Regierungen, Experten und Organisationen wie die Vereinten Nationen suggerieren: »Mehr als die Hälfte der Weltbevölkerung lebt heute in Stadtgebieten – vermehrt in extrem dicht besiedelten Städten«, heißt es beispielsweise in einem Artikel von Hannah Ritchie und Max Roser auf *ourworldindata.org* aus dem Jahr 2018. Und weiter: »Urbane Lebenswelten sind dabei eine relativ junge Erscheinung in der Geschichte der Menschheit. Dieser Wandel hat verändert, wie wir leben, arbeiten, reisen und Netzwerke bilden.«

Dass die Millionenstädte unserer Zeit etwas Neues darstellen, soll gar nicht bestritten werden. Problematisch ist an dem zitierten Text aber, dass dies in eine historische Einbahnstraße eingeschrieben wird, die von vormodernen und vorindustriellen Gesellschaften (= Dorf) zur Moderne (= Stadt) führt.

Solche Spielarten des historischen Evolutionismus verengen nicht nur unseren Blick auf die Zukunft, die entlang derselben Einbahnstraße vorgezeichnet scheint (aber warum eigentlich?); sie konditionieren auch unsere Sicht auf die Vergangenheit. Wer das verinnerlicht hat, kann sich schlicht schwer vorstellen, dass in der Antike ein höherer Prozentsatz der Bevölkerung in Städten lebte als, sagen wir, in Deutschland oder England am Beginn der industriellen Revolution. Das verstieße ja gegen die Verkehrsregeln der evolutionshistorischen Wissenschaft: falsches Befahren einer Einbahnstraße!

Damit soll nicht gesagt werden, dass Kolleginnen und Kollegen, die den Anteil der Stadtbevölkerung in der Antike sehr niedrig veranschlagen, evolutionistischen oder gar kolonialistischen Ideologien anhingen. Wir alle in diesem Feld sind Teil eines generationenübergreifenden Dialogs, eines großen Stromes mit Seitenarmen und Gegenströmungen, dessen Verzweigungen und Untiefen uns nur teilweise klar sind. Am schwersten zu sehen ist immer der Balken im eigenen Auge.

Unbewusst hängt die Einstellung zu den Themen »Entwicklung« und »Fortschritt« in der Geschichtswissenschaft und Archäologie sicher auch mit unserer Erfahrung der Gegenwart zusammen. Mir hat zum Beispiel die Vorstellung, irgendwie weiter als vergangene Generationen zu sein, immer instinktiv widerstrebt. Vielleicht weil ich zu einer Generation gehöre, die von Kindesbeinen an mit den Schrecken von atomarer Vernichtung und Umweltzerstörung konfrontiert wurde. Die erste Anti-Atomkraft-Demo machte ich mit meiner Schwester im Kinderwagen mit, ein Foto davon kam in die Lokalzeitung. Tschernobyl, 26. April 1986: einer der wenigen Tage aus dem Vorschulalter, an die ich mich erinnern kann. Wir spielten auf dem Hof, meine Mutter erschien in der Tür, sagte, wir sollten reinkommen; wir maulten, aber sie blieb dabei, wir spürten ihre Bestürzung.

Heute, da der menschengemachte Klimawandel eingetreten ist, vor dem seit Jahrzehnten gewarnt wurde, darf man vielleicht mehr denn je an der Fortschrittsfähigkeit der Menschheit zweifeln. Jedenfalls steht uns Arroganz gegenüber früheren Epochen schlecht an, auch weil die viel gefeierten Errungenschaften von Wohlstand, moderner Medizin usw. global betrachtet einer Minderheit zukommen.

Solche Spielarten von Unbehagen an der eigenen Gegenwart schärfen naturgemäß den Blick für wirkliche oder angebliche Ungereimtheiten in der Konstruktion der Vergangenheit. Wer optimistisch meint, heute liefe doch alles im Großen und Ganzen blendend, ist da vielleicht weniger sensibel. Man könnte auch sagen: weniger befangen. Denn natürlich birgt auch eine prinzipiell kritische Sicht auf die Gegenwart Gefahren. An erster Stelle die, das Gute immer und ausschließlich in der Vergangenheit zu suchen, den Fortschrittsgedanken einfach umzudrehen – was natürlich ebenso fragwürdig ist. Das Suchen nach einem ursprünglichen Gleichgewicht, nach einem besseren Dasein, von dem wir als Menschheit irgendwann abgekommen sind, aufgrund irgendeiner fatalen Entwicklung: Für manche ist es die Industrialisierung (ab 1800), für andere Aufklärung, Kolonialismus, Rassismus, Moderne (sagen wir, ab der Französischen Revolution, die also vielleicht doch keine geniale Großtat war, Stichwort Guillotine). Oder fing der Niedergang schon viel früher an? Mit der Erfindung des Geldes (etwa 600 v. Chr.) … der Schrift (etwa 3000 v. Chr.) … der Landwirtschaft, das hieße in der Jungsteinzeit (um 9000 v. Chr.)? Waren wir erfüllte, freie Menschen vielleicht zuletzt, als wir nomadisch lebten, uns als Jäger und Sammler durchschlugen? Ist die Höhlenkunst, die aus der unendlich fernen Welt der Altsteinzeit geblieben ist, nicht nur die erste, sondern auch die größte Kunst, die niemals wieder erreicht wurde und gegen die Pompejis Malereien, ja selbst die viel gerühmte griechische Klassik, nur eine trübe Spätzeit sind?

In Thomas Manns *Doktor Faustus* werden solche Fantasien am Beispiel der Musik durchgespielt. Die Gespräche der Romanfiguren über den Abfall von der »wahren« Musik entschweben in immer absurdere Höhen, aus denen dann irgendwann bereits Monteverdi und Bach als dekadente Spätzeitler erscheinen.

Beim Lesen habe ich mich, ehrlich gesagt, darin ein Stück weit wiedererkannt – nicht wegen Monteverdi oder Bach, die ich verehre. Aber meine Faszination für die Antike ist vermutlich (auch) von so einer romantischen Sehnsucht angetrieben, in der Vergangenheit nicht nur eine andere Welt zu finden, sondern eine, die echter, wahrer, besser war.

Das ist eben Teil meines Motors, das ist mir mit der Zeit bewusst geworden. Er driftet in diese Richtung. Ich weiß es, nehme die Energie auf und steuere dagegen, um nicht von der Straße sachlicher Argumentation abzukommen. Ich bin Archäologe mit Schlagseite. Aber letztlich sind das alle, denn in die Vergangenheit führt kein gerader Weg. Die Vergangenheit ist kein vernünftiges »Reiseziel«, kann es nicht sein. Und ich kenne immerhin meine Schlagseite.

Enge und Kleinheit

Was also, wenn Pompeji keine schmucke, dörflich-beschauliche Kleinstadt war, von der es noch viele Jahrhunderte bis zu den überfüllten Metropolen des heraufziehenden Industriezeitalters brauchen sollte? Was, wenn in Pompeji das Nachhaltigkeitsproblem der modernen Stadt schon ein Stück weit Wirklichkeit geworden war? Wenn wir es hier nicht mit einem agrarischen, stabilen Gebilde zu tun haben, sondern mit einem brodelnden, überfüllten Ballungszentrum, ständig am Rande irgendeiner sozialen Katastrophe?

Analysiert man die Verteilung von Bauernhöfen und Villen im Umland Pompejis, aber auch Inschriften, die sich auf die Besiedlung des Territoriums der Stadt beziehen, kommt man in der Tat zu diesem Eindruck. Denn es scheint unwahrscheinlich, dass mehr als 50 Prozent der Bürger samt Familien und Sklaven, soweit vorhanden, ihren Hauptwohnsitz auf dem Land hatten. Von den 45 000 Menschen, die laut Inschrift vom Stabianer Tor in Pompeji lebten, dürften mindestens 20 000 im städtischen Zentrum ansässig gewesen sein, vielleicht waren es sogar mehr.

Der Wohnraum in der Stadt war entsprechend eng bemessen. In jeder der etwa 1400 Wohnungen, die es laut unserer GIS-basierten Schätzung in Pompeji gab, wohnten zwei bis drei männliche Bürger. Das heißt, dass erwachsene Söhne oft noch im Elternhaus lebten. Dazu kamen Frauen, Kinder, Sklaven. Das macht im Durchschnitt um die 14 Menschen pro Wohneinheit. Eine Wohneinheit kann dabei auch aus einem oder zwei Zimmern bestehen; solche Wohnungen machen sogar nahezu zwei Drittel aller Wohnungen Pompejis aus, es sind an die 900.[42]

Noch schwieriger zu sagen ist, wie viele Menschen durchschnittlich in einem Raum lebten. Zum einen dienten nicht alle Räume als Wohn- und Schlafräume, auch wenn unter den beschriebenen Bedingungen damit zu rechnen ist, dass Angehörige der Unterschicht, seien es nun Sklaven oder Freie, nicht selten in Arbeits- und Durchgangsräumen schliefen. Zum anderen fehlen uns die Obergeschosse fast vollständig, da sie in den meisten Fällen den pyroklastischen Druckwellen zum Opfer fielen. Das, was bei deren Eintreffen noch aus den mittlerweile etwa drei Meter hohen Lapilli-Schichten ragte, wurde weggefegt.

Wir können daher nur sehr grob kalkulieren, wie sich die Bevölkerung auf die vorhandenen Räume verteilte, wohl wissend, dass erstens nicht in allen Räumen geschlafen wurde, dass es zweitens aber mehr Räume gab als die in unserem GIS verzeichneten. Mit den vorhandenen Zahlen kommen wir auf um die zwei Menschen pro Zimmer, eine erstaunlich hohe Zahl. Auch wenn das alles, wie gesagt, nur Näherungswerte sind: Pompeji war eine mit Menschen vollgestopfte Stadt.

Wer genau hinsieht, findet davon überall Spuren. Inschriften preisen Obergeschosswohnungen zur Miete an. Aber auch Umbauten zeugen von dem Bestreben, jeden verfügbaren Quadratmeter auszunutzen. Da werden Räume und Läden vom Haus abgetrennt, mit separaten Eingängen und Außentreppen versehen. Das kann nur dem Zweck gedient haben, sie zu vermieten.

Im Jahr 2022 entdeckten wir bei Ausgrabungen in der *Casa del Larario*, dem Haus des Larariums, einen Raum, der den Eindruck der Enge und Kleinheit, den schon Goethe beschrieb, eindrücklich illustriert: Hinter einem Hof mit einem wunderschön ausgemalten Hausaltar (Lararium), der gleichzeitig eine Küche und – unter der Holztreppe – eine Latrine beherbergte, sind fünf einfache Räume auf zwei Etagen angeordnet. Ihre Fußböden sind aus gestampfter, mit etwas Kalkmergel versetzter Erde, ihre Wände blieben unverputzt. Der repräsentative Trakt des Hauses lag vermutlich im noch nicht ausgegrabenen Teil der Stadt.

In einem der Zimmer gelang es, fast das gesamte Mobiliar als Gipsabgüsse wiederzugewinnen. Der neun Quadratmeter große Raum war ziemlich vollgestellt. In einer Ecke stand ein Bett, breit genug, um zur Not zwei Menschen Platz zu bieten. Interessant ist, dass es exakt dieselbe, völlig schmucklose Bauart aufweist wie die Sklavenbetten in der Villa von Civita Giuliana. Am Kopfende lag, zusammengeknüllt, ein Stück Stoff, das wohl als Kissen diente. Daneben stand eine hölzerne Truhe, unterteilt in zwei Kompartimente. Sie wurde während des Vesuvausbruchs bis auf eine Tonlampe, einen Teller und ein Stück Stoff (Kleidung?) geleert, der Deckel blieb offen an der Wand lehnen. Davor ein kleiner runder Holztisch auf drei Beinen, darauf standen noch Teller aus Ton und Glas. Neben der Tür das, was wir die »Kochecke« genannt haben: ein am Boden liegender Dachziegel, darauf Spuren von Feuer. Hier konnte man sich mit Kohlen vom Küchenfeuer etwas aufwärmen, vielleicht gab es gewürzten Wein in einem der kleinen Tonkrüge, die davor auf dem Fußboden standen.

Auf der Rückseite des Hauses haben wir ein Zimmer ausgegraben, das vielleicht zum selben Komplex gehörte, wenn dies auch einstweilen eine Vermutung bleibt. Die Ausstattung ist zwar etwas luxuriöser, da wir uns hier wohl im repräsentativen, von der Herrschaft bewohnten Teil befinden. Doch bezüglich »Enge und Kleinheit« bietet sich ein ähnliches Bild. Der Raum, zwölf Quadratmeter groß, wurde nur durch ein winziges Fenster über der Tür beleuchtet. Die Wände sind mit einfachen Mustern dekoriert, der Fußboden besteht aus gestampfter, mit Kalkmergel versetzter Erde. Zwei Betten und ein kleiner Schrank nahmen mehr als die Hälfte des Raums ein, auch von ihnen konnten Gipsabgüsse hergestellt werden. Es handelt sich um deutlich teurere Möbelstücke als in dem anderen Zimmer. Zur Wand hin schützte eine Vertäfelung vor der Feuchtigkeit und Kühle des Mauerwerks, bei einem der beiden Betten war sie mit filigranem Elfenbeinschnitzwerk verziert.

In der Mitte des Raums hatte sich der Fußboden abgesenkt. Damit das dort aufgestellte Bett nicht wackelte, hatte jemand ein Holzbrett unter die Bettpfosten geschoben, das ebenfalls als Gipsabguss erhalten ist.

Ähnlich vollgestellt müssen wir uns auch Hunderte von anderen Schlafzimmern vorstellen. Das Gleiche gilt für die Werkstätten und Läden, die sich auf die Straßen Pompejis öffneten. In ihnen kann man oft gemauerte Treppenansätze sehen; im Wandputz erkennt man manchmal noch den Verlauf der Holzstiegen, die davon abgingen. Balkenlöcher zeugen von Zwischengeschossen, manchmal kaum größer als ein Hochbett, wo man schlief oder Werkzeug und Vorrat lagerte. An der Nolaner Straße, links neben dem Eingang zu einem der großen Stadtpaläste Pompejis, der *Casa del Centenario*, liegt ein solcher Laden, zehn Quadratmeter groß. Balkenlöcher in der Wand zeigen: Darüber befand sich noch ein Stockwerk mit einem kleinen Fenster auf eine Nebengasse. Und darüber noch eines! Man hat vermutet, dass hier ein Handwerker mit seiner Familie wohnte. Ob das so war, sei dahingestellt; der Ausbau der Werkstatt zu einer Art Wohnturm, in dem auf zehn Quadratmetern Grundfläche ein Maximum an Menschen und Waren Platz fand, spricht jedenfalls Bände.

Auch die Art, wie man diese Läden nachts verschloss, ist aufschlussreich. Fast alle Werkstätten stehen weit auf, wie eine Garage; die Schwelle weist fast immer ein schmales, in den Stein eingetieftes Geleis auf, in das senkrecht stehende Bretter eingeführt werden konnten. An einer Seite weitet sich das Geleis, wird zur Türschwelle mit Türangel.

Was das zu bedeuten hat, kann man an der *Via dell'Abbondanza* sehen: Dort wurde ein Gipsabguss eines solchen im Ascheboden als Abdruck erhaltenen »Garagentors« erstellt: In den Verschluss aus senkrechten Brettern war eine Nachttür eingelassen, die es den Bewohnern ermöglichte, aus und ein zu gehen, ohne das ganze Tor aufzumachen. Ganz ähnlich funktioniert das noch heute in den alten Stadtpalästen Neapels, die mittlerweile in Wohnhäuser, Universitätsgebäude oder Büros umgewandelt worden sind. Im riesigen Torflügel eine kleine Pforte, wenn man durchsteigt, muss man den Kopf einziehen.

Überhaupt, Neapel. Mit ihren charakteristischen *bassi* kommt die Stadt dem antiken Pompeji überraschend nah. *Basso* heißt eigentlich »tief, niedrig«: Die *bassi* sind Ein- oder Zweizimmerwohnungen mit niedrigen Decken, die in den Erdgeschossen der Stadtpaläste von Adel und Klerus lagen. Sie wurden vermietet, vornehmlich an die eigene Klientel, ganz ähnlich, wie wir uns das für die Läden Pompejis vorstellen müssen, die ja auch meistens Teil größerer Hauskomplexe waren.

Licht und Luft kommen nur durch die Tür und ein kleines Fenster, das gleich neben dem Eingang angebracht ist. Noch heute sind viele der *bassi* bewohnt. Die Enge des Innenraums, der oft zugleich Küche, Wohn- und Schlafzimmer ist, drängt die Menschen auf die Straße, die Teil des Wohnraums wird. Wäscheständer, Sessel, Tische, Vorratskisten breiten sich auf den Straßenraum aus, das Leben findet, vor allem im Sommer, vorwiegend draußen statt.

So muss es auch in Pompeji gewesen sein, denn die dortigen *bassi* waren gar keine vollständigen Wohnungen im heutigen Sinn. Sie hatten in der Mehrzahl der Fälle weder Küche noch Toilette oder Bad.

Was aßen die Menschen, die dort lebten? Dazu ist zu bedenken, dass die Mittel- und Unterschicht gewöhnlich nicht kochte, man aß Brot, und das war's. Dazu gab es eine Zwiebel, Oliven, vielleicht ein Stück Käse, eingesalzenen Fisch, Nüsse und Feigen, aber das war dann schon etwas Besonderes. »Unser tägliches Brot gib uns heute«, wie es im Vaterunser heißt: Damit mussten die meisten schon zufrieden sein.

Das Brot kaufte man in einer der zahlreichen Bäckereien Pompejis. Im ausgegrabenen Teil der Stadt sind es 36. Dort wurde auch das Korn gemahlen, wozu Mahlsteine aus Vulkangestein dienten, die von Eseln oder Sklaven betrieben wurden. Die Öfen in diesen Bäckereien gleichen exakt denjenigen, in denen noch heute in Neapel Pizza gebacken wird – ursprünglich auch ein Arme-Leute-Essen.

Sollte es doch mal eine warme Mahlzeit sein, konnte man in eine der Garküchen (Thermopolia) Pompejis gehen. Bisher wurden über 80 davon ausgegraben, zuletzt 2020 in der *Regio V*. Dort gab es antikes Streetfood – warme Suppen und Eintöpfe zum Mitnehmen. Platz zum Verzehr vor Ort fehlte meistens, und wenn es ihn gab, war er sehr beschränkt. Entweder man nahm sich seinen Teller nach Hause mit, oder man aß auf der Straße.

Und wie wusch sich, wer kein Bad im eigenen Haus hatte, was sich nur die Reichsten leisten konnten? Für eine Katzenwäsche konnte man das Wasser von einem der öffentlichen Brunnen benutzen. Ein warmes Bad konnte man in öffentlichen Thermen nehmen, deren es in Pompeji mehrere gab: die Stabianer Thermen und die Forumsthermen, außerdem die kleineren, anscheinend privat betriebenen Sarnothermen und die Vorstadtthermen bei *Porta Marina*, deren Ausmalung mit Darstellungen von Paaren beim Sex vermuten hat lassen, dass im Obergeschoss ein Bordell betrieben wurde. Die größte Thermenanlage Pompejis wurde niemals fertiggestellt: Im zentralen Bereich der Stadt war ein ganzer Häuserblock abgerissen worden, um neue Bäder nach der Mode der Hauptstadt zu bauen, wo die Kaiser dem Volk mit Marmortäfelungen und -statuen ausgeschmückte Thermen errichteten. Der Vesuvausbruch kam jedoch dazwischen; die »Zentralthermen« blieben der modernen Archäologie als Baustelle erhalten.

Wer je einen Hamam, ein »türkisches Bad«, besucht hat, versteht eine römische Thermenanlage auch ohne Erklärung. Das Prinzip ist nämlich dasselbe, und nicht ohne Grund: Der Hamam stammt über die Badekultur im Oströmischen Reich historisch direkt vom römischen Bad ab.

Die Abfolge geht von kalt zu warm: Nach dem Umkleideraum, in dem man seine Kleider ließ (besser bewacht von einem Sklaven oder Freund, denn es wurde viel geklaut), folgt ein Raum mit kalten Sitz- oder Waschbecken, das *frigidarium*. Danach kommt ein Raum mit lauwarmer Temperatur *(tepidarium)*, gefolgt von einem, in dem es sehr heiß ist *(caldarium)*. Die Sitzbecken in diesem Raum enthielten bis zu 40 Grad warmes Wasser.

Die Geschlechtertrennung war, zumindest theoretisch, gewährleistet durch separate Frauen- und Männertrakte. Wo keine räumliche Trennung möglich war, wechselten sich die Geschlechter bei der Benutzung ab.

Frischwasser kam aus dem Aquädukt. Beheizt wurden die Thermen mit einem großen Holzofen, der außerhalb der Baderäume lag. Von hier aus zirkulierte die heiße Luft durch doppelte Böden, oft auch in senkrechten Rohren im Gemäuer oder in doppelten Wänden.

Die Badekultur der Römer wird oft als Luxus und als besondere Kulturleistung beschrieben. Und natürlich stimmt es, dass die Thermen nicht unmittelbar zum Überleben nötig waren. Dennoch greift die Vorstellung von den Thermen als Luxus- und Spaßbädern zu kurz. Die Bewohnerinnen und Bewohner Pompejis hätten die Thermen vermutlich genauso wenig als Luxus bezeichnet wie die Menschen in einer Stadt wie zum Beispiel Täbris in Iran oder Quetta in Pakistan, wo sich die antike Kultur des Hamams bis in die Sechzigerjahre des 20. Jahrhunderts praktisch unverfälscht erhalten hat.

In der islamischen Welt hängt das auch mit den vorgeschriebenen religiösen Waschungen zusammen. Doch auch abgesehen davon, stelle man sich eine Stadt wie Pompeji vor, vollgepackt mit Menschen, die teils in engsten räumlichen Verhältnissen lebten, ohne eine solche Form der allgemein zugänglichen Körperhygiene. Dabei denke man nicht nur an den Sommer, sondern auch an die Wintermonate. Aus irgendeinem Grund tendieren wir dazu, uns die Antike als ewigen Sommer vorzustellen, bevölkert von leicht bekleideten Menschen in kurzer Tunika. Vermutlich liegt die Schuld beim Kino: In den meisten Sandalenfilmen scheint ständig die Sonne. Aber in Pompeji wurde es kalt im Winter, wenn auf dem Vesuv Schnee lag. Das feuchte Wetter und die langen Regentage waren selbst in den großen Atriumhäusern schwer zu ertragen, wie muss es da erst in den dunklen Läden mit ihren feuchten Gemäuern und Stampflehmböden gewesen sein, entlang der Straßen, die sich bei Regen in Sturzbäche verwandelten (Pompeji hatte keine flächendeckende Kanalisation, diese Funktion übernahmen die Straßen). Die Thermen waren da für viele die einzige Möglichkeit, sich hin und wieder die durchgefrorenen Knochen zu wärmen. Wen auch das nicht aufwärmte, dem blieb nur Gewürzwein, *mulsum* auf Latein: »Sowie ich einen Becher Mulsum heruntergeschüttet habe, kann mich die Kälte mal!«, sagt einer der Teilnehmer an Trimalchios Gastmahl im *Satyricon*.[43]

Und wer mal musste? In größeren Häusern gab es Latrinen, meistens neben oder sogar in der Küche. Das kommt uns heute sonderbar vor. Man muss aber bedenken, dass in den Küchen der Reichen ausschließlich Sklaven arbeiteten, auf deren Geruchssinn keinerlei Rücksicht genommen wurde. Der Normalfall war sowieso der Nachttopf, dessen Inhalt dann oft einfach auf der Straße oder auf dem nächsten Misthaufen landete.

Schattenseiten der Globalisierung

Dass Pompeji, wie aus der 2017 entdeckten Inschrift vom Stabianer Tor zu schließen ist, eine viel größere Bevölkerung hatte als bisher angenommen, hat Folgen nicht nur für das Leben in den Häusern und Gassen der Stadt. Wir müssen auch unser Modell des Wirtschaftsraumes Pompeji überdenken.

Griechen und Römer dachten sich den Staat, seine Verwaltung und Ökonomie, stets als Stadtstaat, als Siedlungszentrum mit einem dazugehörigen landwirtschaftlichen Territorium. Das änderte sich im Grunde auch nicht, als ein kleiner, ursprünglich unbedeutender Stadtstaat – Rom – zu einem riesigen Reich wuchs. Das römische Reich war konzipiert als ein Verbund von Stadtstaaten mit lokaler Verwaltung. Die Institutionen der Stadt Rom – Senat, Konsuln, Heer usw. – waren im Kern die gleichen geblieben, die schon vor dem Aufstieg zur Mittelmeermetropole bestanden hatten. Nur dass sie jetzt eine Art Oberaufsicht über unzählige andere Gemeinden innehatten. Auch das Kaisertum war ursprünglich nicht institutionell verankert. Der Kaiser war anfänglich einfach ein Politiker wie jeder andere, nur dass er besonders viele Ämter und Würden auf sich vereinigte.

Rahmen aller wirtschaftlichen und politischen Theorie blieb der Stadtstaat, *polis* auf Griechisch (davon stammt unser Wort »Politik« ab), *civitas* auf Latein (was in »zivil«, »Zivilisation« usw. fortlebt). Das Ideal war schon bei den Griechen Autarkie, das bedeutet Unabhängigkeit. In der Antike setzte man dabei voraus, dass es ohne wirtschaftliche keine politische Unabhängigkeit geben könne – eine Doktrin, die im Zeichen von Liberalisierung und Globalisierung heute als überholt gilt, obwohl das Thema, beispielsweise im Verhältnis des Westens mit China, allgegenwärtig ist. Doch bereits in der Antike klafften Ideal und Wirklichkeit auseinander. Das Römische Reich beschleunigte diesen Prozess noch einmal, und Pompeji ist ein eindrückliches Beispiel dafür.

Das landwirtschaftlich nutzbare Umland Pompejis umfasst etwa 130 Quadratkilometer. Auch das ist, zugegeben, ein Näherungswert, denn wir kennen den genauen Grenzverlauf zu den Nachbarterritorien nicht. Doch auch wenn die Fläche etwas größer war, dürfte sie dennoch nicht ausgereicht haben, um 45 000 Menschen zu ernähren. Es stimmt zwar, dass Kampanien eine der fruchtbarsten Regionen des Mittelmeerraums war und ist, aber trotzdem: Um so viele Mägen zu füllen, hätte es weiterer Äcker und Felder bedurft.

Aber damit nicht genug. Ein erheblicher Teil der landwirtschaftlichen Nutzfläche, wohl mehr als die Hälfte, wird in den Jahren vor dem Vesuvausbruch gar nicht zur Versorgung der Bevölkerung genutzt! Anstatt Getreide und Olivenöl wird dort Wein produziert – für den Export. Weinamphoren aus Pompeji wurden von Südfrankreich bis an die Ostküste Spaniens und von Sardinien bis nach Nordafrika gefunden. Auch in Ephesus, in der heutigen Türkei, sind sie nachgewiesen worden. Die Vettier, die wir als neureiche Hausbesitzer im ersten Kapitel kennengelernt haben, verdankten ihren Wohlstand dem Weinhandel, wie etliche andere Pompejaner aus besseren Kreisen.[44]

In Oplontis, einem kleinen Hafenörtchen im Umland Pompejis, wurde ein für antike Verhältnisse beachtliches Umschlaglager ausgegraben. Es ist unter dem etwas irreführenden Namen »Villa B« bekannt, verfügte über mehr als 70 Räume auf zwei Stockwerken und lag direkt am Wasser. Von hier aus wurde der Wein Pompejis ins ganze Mittelmeer verschifft. Davon zeugen die Scherben von über 1300 Amphoren, die dort gefunden wurden. Im Hof des Komplexes, nicht weit von einigen Hundert kopfüber abgestellten, auf ihre Wiederverwendung wartenden Amphoren befand sich ein kleiner Ofen, in dem Pinienharz flüssig gemacht wurde. Das benutzte man, um die Amphoren für den Transport per Schiff luftdicht zu verschließen.

Ein weiterer, nicht unbeträchtlicher Teil des Territoriums wurde von Luxusvillen eingenommen, deren Besitzer aus den höchsten Kreisen der römischen Gesellschaft stammten. Cicero hatte eine Villa in Pompeji ebenso wie die Familie des Agrippa, des Freundes und Generals des Kaisers Augustus – und sein Schwiegersohn. Die zweite Frau des Kaisers Nero, Poppaea Sabina, besaß unweit des Hafens von Oplontis eine riesige Privatvilla, bekannt als »Villa A«, die erst zum Teil ausgegraben ist. Auch diese Form der Landnutzung entzog Produktionsflächen, die zur Ernährung der lokalen Bevölkerung hätten dienen können.

Pompeji war daher erheblich auf Importe angewiesen, auch von Grundnahrungsmitteln. Anders hätte die Stadt gar nicht überleben können. Wirtschaftlich scheint das System funktioniert zu haben: Die Stadt exportierte Wein und andere Güter, um Getreide zu importieren, das sie selbst nicht in den nötigen Mengen anbauen konnte. Ein früher Fall einer vernetzten Ökonomie, die unseren globalisierten Warenkreisläufen gar nicht so unähnlich ist – zumindest auf den ersten Blick. Denn bei genauerem Hinsehen zeigt sich, dass unter der Oberfläche einer modern anmutenden, vernetzten Ökonomie weite Teile der Bevölkerung in einer für uns heute schwer vorstellbaren Armut und Rückständigkeit lebten. Einer der Gründe dafür, dass diese Form der Unterentwicklung in der Antike niemals wirklich überwunden wurde, war die Sklaverei: Sie war strukturell an Krieg und ständige Expansion gebunden (nur so konnten dem System große Mengen neuer Sklaven zugeführt werden), hing also von außerökonomischen Faktoren ab. Vermutlich hat sich deshalb niemals eine der modernen vergleichbare Wirtschaft (im Sinn eines autonomen gesellschaftlichen Betätigungs-

und Theoriefeldes) entwickelt.[45] Und vermutlich mündete deshalb auch das Ende der römischen Expansion im 2. Jahrhundert n. Chr. ein Jahrhundert später in einem wirtschaftlichen Abstieg, der langfristig den Zusammenbruch der antiken Welt besiegeln sollte.

Doch wie dem auch sei: Im 1. Jahrhundert, als Roms Ökonomie noch in voller Blüte stand, wuchs auch Pompeji – demografisch, wirtschaftlich und städtebaulich. Im Kleinen wiederholte sich hier, was in Rom, der antiken Millionenstadt, längst Realität geworden war: Rom war damals auf Getreideimporte aus Nordafrika angewiesen, um seine Bevölkerung zu versorgen.

Als irgendwann in der Geschichte Pompejis, vermutlich im Lauf der ersten Hälfte des 1. Jahrhunderts n. Chr., die Zahl der Menschen, die hier lebten, die Zahl derer überschritt, die von den Erzeugnissen des Umlandes leben konnten, fiel das womöglich zunächst gar niemandem auf. Erst als in dem komplizierten mediterranen Netzwerk Ungleichgewichte entstanden, zeigte diese Frühform der Globalisierung ihre Schattenseiten.

Versorgungsengpässe, Unwetter, Trockenheit, soziale Unruhen in weit entfernten Regionen des Reiches konnten zu Preisschwankungen führen, die das System Pompeji aus dem Gleichgewicht brachten. Das geschah mindestens einmal zu Lebzeiten des schon erwähnten Gnaeus Alleius Nigidius Maius, aus dessen Grabinschrift sich die Bevölkerungszahl Pompejis abschätzen lässt. Unter den Wohltaten des Verstorbenen findet man nämlich auch die Linderung einer vier Jahre währenden Getreideknappheit, die die sozial Schwachen am härtesten traf. Alleius Nigidius Maius kaufte Getreide zum Preis von fünf Denaren den Scheffel, um es für drei *victoriati* (was etwa anderthalb Denaren entsprach) ans Volk weiterzuverkaufen. Außerdem ließ er Brot ans Volk verteilen, und zwar *per amicos suos*, »durch seine Freunde« – damit ist das Netzwerk aus Klienten, Ex-Sklaven und Freunden im modernen Sinn gemeint, das sich allmorgendlich im Atrium versammelte.

Was erstaunt, ist, dass es in einer der fruchtbarsten Regionen des Mittelmeerraums, mitten in Friedenszeiten, zu einer vierjährigen Lebensmittelknappheit kommen konnte, die nur durch einen von einem lokalen Politiker finanzierten »Getreiderabatt« abgefedert werden konnte. Andererseits ist das vielleicht gar nicht so erstaunlich, wenn man bedenkt, wie zum Beispiel heute der Krieg in der Ukraine die Getreideversorgung selbst in Ländern gefährdet, die traditionell einen Überschuss produzierten. Das Deutsche Institut für Internationale Politik und Sicherheit wies im Frühjahr 2022 darauf hin, dass die Getreideknappheit infolge des Krieges sich besonders drastisch auf Nordafrika auswirken würde – also auf eine der »Kornkammern Roms«, die einst weite Teile des Reiches mitversorgte.

4

Was am Ende zählt

Traum vom Fliegen

Maria sagt, nach dem Tag, der ihr letzter hätte sein können, habe sie neue Prioritäten gesetzt. Damals war sie neunzehn Jahre alt. Aufgewachsen in Castellammare di Stabia, umgeben von römischen Villen und der alltäglichen Misere einer Kleinstadt südlich von Neapel, im Würgegriff von Camorra, Omertà und Kriminalität. Eines Tages steht sie plötzlich mittendrin, rein zufällig. Geisel bei einem Banküberfall, achtzehn Minuten eine Pistole an der Schläfe. Dann geht alles ganz schnell, ihr Geiselnehmer wird erschossen, ein anderer der Gruppe eröffnet das Feuer auf sie. Sie bleibt wie versteinert stehen; bis eine andere Geisel, ein junger Mann, sie am Arm packt und auf den Boden reißt, sind dreißig Kugeln an ihr vorbeigesaust, manche pfeifen durch ihr offenes Haar. Ihr

Leben zieht an ihr vorüber, das war's, denkt sie. Aber dann: doch nicht. Sie überlebt, unverletzt. Bindet sich früh, bekommt eine Tochter, noch während des Studiums der Archäologie. Heute arbeitet Maria Rispoli beim Archäologischen Park Pompeji. »Mein Traum ist es immer gewesen, durch unsere Arbeit in dieser Region einen Wandel zu schaffen«, sagt sie.

Ich denke, sie ist die Richtige für das Projekt, das ich im ersten Jahr in Pompeji für mein wichtigstes halte, für das sich aber erst mal kaum jemand begeistern will. Theater mit Jugendlichen aus der Region, im Weltkulturerbe Pompeji? Was soll das, was hat das mit Archäologie und Denkmalschutz zu tun? Niemand sagt das so direkt, aber die Blicke bei der Teamsitzung sind vielsagend, mehr noch als das zurückhaltende Schweigen.

Später, nach der Premiere im ausverkauften antiken Theater Pompejis im Mai 2022, sagt mir Maria, der Sinn der Sache sei ihr ja von Anfang an klar gewesen. Aber sie habe sich gefragt: Warum macht der das? Warum interessiert der sich für unsere Probleme, für die Jugendlichen aus der Peripherie Neapels, wo er doch von ganz woanders kommt?

Meine Gedanken gehen zurück zu den ersten Tagen als Direktor Pompejis, Anfang April 2021, damals war Italien im Lockdown, der Park fürs Publikum geschlossen. Die Bekanntgabe meiner Ernennung liegt anderthalb Monate zurück. Sechs Wochen Dauerbeschuss. Und ein Ende ist erst mal nicht abzusehen. Noch am Tag der offiziellen Bekanntgabe durch den Kulturminister treten zwei Mitglieder des Wissenschaftlichen Beirats zurück, aus Protest gegen meine Nominierung. Zu jung, zu unerfahren. Hundertvierzig Professoren und ehemalige Denkmalpfleger unterschreiben eine

Petition gegen meine Berufung. Ich habe die Liste der Unterzeichner bis heute nicht gelesen, nur manche Namen durch Freunde erfahren. Einige kannte ich persönlich, teils seit Langem. Im Büro in Paestum gehen anonyme Briefe ein, in denen ich oder Mitarbeiter von mir als korrupt, inkompetent und kriminell beschimpft werden, zur Kenntnis an Staatsanwaltschaft, Polizei, Lokalpresse.

Ein Trüppchen aus frustrierten Pensionären und Professoren schießt sich auf ein Projekt ein, das ich vor meinem Weggang nach Pompeji in Velia realisiert habe, einer alten griechischen Koloniestadt, die seit 2020 zum Archäologischen Park Paestum gehört. In der Antike war sie für ihr gesundes Klima bekannt. Das antike Theater der Stadt (wunderschön zwischen alten Olivenbäumen gelegen, mit Blick aufs Meer) wurde im Jahr 2000 restauriert, die antiken Sitzreihen, wo sie nicht im Original erhalten waren, in Naturmörtel ergänzt. Als ich 2020 als Direktor von Paestum auch die Verantwortung für Velia übertragen bekam, stuften wir das Theater unter unseren Prioritäten ein. Denn der Mörtel hatte allenthalben Risse, in denen sich die Vegetation breitmachte und dadurch die Stabilität der Originalsitze aus Sandsteinblöcken gefährdete. Mehr noch: Das zwanzig Jahre zuvor rekonstruierte Theater war paradoxerweise gar nicht zugänglich fürs Publikum. In meiner Zeit im Denkmalschutz habe ich immer wieder gestaunt über solche Fälle, die gar nicht so selten sind: Man restauriert ein Monument, um es dann fürs Publikum zu schließen.

In Velia war man so überzeugt von diesem Ansatz, dass man die über drei Meter hohe Flanke der Sitztribüne nicht durch ein Geländer abgesichert hatte. Was bedeutete, dass Besucherinnen und Besucher, vor allem mit kleinen Kindern, nicht mal in die Nähe der Theaterruine gelassen werden konnten, denn ein Absturz wäre fatal.

Das hatte zur Folge, dass das Theater seinen ursprünglichen Zweck als Spielstätte nicht mehr erfüllen konnte. Auch die geniale Akustik des Baus blieb dem Publikum verborgen. Als wir das erste Mal mit den Kindern nach Velia fuhren, setzten wir uns (damals noch verbotenerweise) auf die Stufen und bestaunten dieses Wunder antiker Baukunst: Wer im Zentrum der Orchestra, des runden, als Bühne dienenden Platzes am Fuß der halbkreisförmigen Tribüne, steht, wird bis in die letzten Reihen verstanden – auch flüsternd!

Unser Projekt sah also, abgesehen von einer Überholung der Restaurierung von 2000, die Anbringung eines Geländers vor, sodass alle, die Velia besuchen, ob groß oder klein, diese Erfahrung machen können.

Auf in die Schlammschlacht

Wieso gerade dieses Projekt zum Stein des Anstoßes wurde, kann ich mir bis heute nicht so recht erklären. Vermutlich war es die Verkettung einer Reihe von Umständen. Ein – zugegeben nicht sehr vorteilhaftes – Foto der Baustelle während des Lockdowns, mit herumliegenden Brettern und halb fertigem Mörtel, gelangte über eine Mitarbeiterin, der wir eine Weiterbeschäftigung aus rechtlichen Gründen hatten ausschlagen müssen, an die Presse. Der pensionierte Architekt, der 2000 das Theater restauriert hatte, verbreitete über Instagram Kommentare, in denen er unsere Entscheidungen kritisierte – ohne das Projekt im Detail zu kennen. Schließlich sprang auch eine Abgeordnete des italienischen Senats mit auf den Zug. So wurde das Theater von Velia sogar Gegenstand einer Senatsdebatte im italienischen Parlament, wenngleich es eigentlich nur als Vorwand für eine Tirade der Senatorin gegen den Minister diente.

Es wurde eine richtige Schlammschlacht. Das Schema ist wahrscheinlich altbewährt, aber mich erstaunte es trotzdem. Man setzt einen Vorwurf in die Welt, irgendeine Sache, und sei sie auch völlig aus der Luft gegriffen. Irgendeine Lokalzeitung druckt das. Damit gewinnt die Geschichte Wirklichkeitscharakter, es steht ja in der Zeitung. Nehme ich keine Stellung dazu, muss das heißen, es stimmt. Antworte ich, zeigt das, ich nehme es ernst. Also muss ja was dran sein!

Die Senatorin, zum Beispiel, begann ihre Tirade im Parlament mit der Unterstellung, die Restaurierung des Theaters von Velia (Kosten zirka 130 000 Euro) sei ohne Genehmigung der zuständigen Denkmalbehörde und unter Umgehung des normalen Vergabeverfahrens einer Firma anvertraut worden, die nicht über die notwendigen Voraussetzungen verfügte. Nichts davon traf zu. Aber einmal in die Welt gesetzt, zirkulierten solche Vorwürfe, und es dauerte Monate, bis alle ins Rollen gebrachten Untersuchungen, Nachprüfungen und Ermittlungen abgeschlossen waren. Mit dem Resultat, dass … nichts davon zutraf. Jeder Aspekt des Projekts wurde durchleuchtet, mehrmals rückte die Staatsgewalt zu Ortsterminen an, ja sogar ein Gutachter wurde bestellt, der das ganze Theater eigenhändig neu vermaß. Rechnete man zusammen, was das alles kostete, hätte man vermutlich das Theater davon gleich noch mal restaurieren können.

Das Ziel war, mich als inkompetent und kriminell hinzustellen, also als jemanden, dem man auf keinen Fall Pompeji anvertrauen kann. Und auch wenn ich mir sicher war, dass wir in Velia im Grunde alles richtig gemacht hatten, war es dennoch eine harte Zeit. Denn man weiß nie, wie so was ausgeht, und je nachdem, wie die Sache läuft, kann die Diskreditierung so schwer wiegen, dass man sich irgendwann selbst als Last vorkommt – für das Ministerium und den Park. Und kommt es mal dicke, hilft es wenig, wenn sich später dann alles in Wohlgefallen auflöst. Da ist man längst gegangen – oder gegangen worden.

Es kam nicht dicke. Aber leicht war es auch nicht. Pompeji forderte eigentlich all meine Energie – gleichzeitig musste ich mich mit den Vorwürfen zu Velia herumschlagen. Ich merkte, dass es schwierig wurde, dabei auch noch für meine Kinder, damals sieben und zwölf Jahre alt, richtig da zu sein. Ich brauchte eine Strategie.

Erst mal beschloss ich, die Presseschau des Ministeriums, die jeden Morgen per Mail kommt, nicht mehr zu lesen. Damit ersparte ich mir Updates zur Petition gegen meine Ernennung und Kommentare zum Theater von Velia von Leuten, die sich in der Vergangenheit nie dafür interessiert hatten, jetzt aber plötzlich als besorgte Experten auftraten. Ich bat eine Freundin, Journalistin von Beruf, sie sich für mich durchzuschauen und mir nur Bescheid zu geben, wenn etwas wirklich Wichtiges dabei wäre, auf das ich reagieren müsste.

Ich telefonierte viel mit Freunden.

Ich wanderte alle Wege in den Bergen ums Dorf ab.

Ich hörte viel Musik: Vladimir Horowitz, Oscar Peterson, Keith Jarrett, Ai Kuwabara, eine japanische Pianistin. Von ihr gibt es eine Trio-Liveaufnahme mit einem Stück, das heißt *Somehow It's Been a Rough Day*, und so fühlten sich die meisten Tage an, aber die neun Minuten Musik setzten das irgendwie in einen Rahmen. Rau, aber nicht hoffnungslos. Ich spielte auch jeden Abend ein bisschen auf dem Klavier, meistens Jazz-Standards oder Schumanns *Kinderszenen,* rauf und runter. Ich fand die dreizehn Stücke, darunter die *Träumerei*, jetzt gar nicht mehr geranienmäßig und bildungsbürgerlich, sondern kindlich-genial, rettend, wärmespendend.

Irina, die Frau von Viktor, starb. Die beiden haben zehn Kinder, das jüngste war damals drei Monate alt. Das Theater von Velia und der Pressespiegel waren plötzlich ganz unbedeutend.

Ich besorgte mir eine Ausgabe des Neuen Testaments, auf Griechisch, um mal was anderes als Restaurierungsprojekte und Akten zu lesen. »Sorgt euch nicht um morgen, denn der morgige Tag wird für sich selbst sorgen; jeder Tag hat genug eigene Plage« (Mt. 6,34), fand ich als Motto passend für diese Zeit. So leben und arbeiten, als ob jeder Tag das ganze Leben ist; wer weiß schon, was morgen passiert.

Also: Was ist sinnvoll für Pompeji, was kann ich heute anstoßen, was auch morgen gedeihen kann – egal, wie es mit mir weitergeht.

Ein paar Prioritäten, die die Richtung vorgaben, in die es gehen sollte.

Der Einsatz moderner Technologien, um immer besser in Echtzeit zu verstehen, was im Gelände vor sich geht. Auf dieser Basis Prozesse definieren, die es möglich machen, schnell und flexibel auf die beobachteten Veränderungen zu reagieren. Jeden Monat sowie nach extremen Wetterereignissen, die Gift für die antiken Gemäuer sind, sich aber aufgrund des Klimawandels häufen, Drohnenflüge, die das gesamte Gelände abdecken. Zurzeit arbeiten wir daran, künstliche Intelligenz zur Auswertung der Bilder nutzbar zu machen. Wo passiert etwas, wo sollten wir eingreifen, möglichst bevor eine Entwicklung zu Schäden am Denkmalbestand führt?

Öffnung der Archive mittels digitaler Plattformen. Den Park als Forschungsstätte kommunizieren, die Menschen an der Komplexität archäologischen und restauratorischen Arbeitens teilhaben lassen. Tag der offenen Tür auf Restaurierungs- und Grabungsbaustellen.

Grünflächen, Gärten und Olivenhaine der antiken Stadt, die jährlich Millionen an Instandhaltungskosten verschlingen, aus einem Kostenfaktor in einen Wert für das Publikum und den Park verwandeln. Angefangen haben wir mit den antiken Weingärten, in denen wieder Wein produziert wird, und mit hundertfünfzig Schafen, die seit Herbst 2022 kostenlos das Gras im unausgegrabenen Teil Pompejis mähen.

Aber etwas fehlte. Pompeji war in den Jahren des *Grande Progetto* zu einem Leuchtturm im positiven Sinn geworden, das ist unbestreitbar. Heute geht es darum, diesen Erfolg in ein nachhaltiges Modell zu überführen, sodass es in Zukunft gar keine EU-Sondermittel und Großprojekte zur »Rettung« Pompejis mehr brauchen würde.

Doch paradoxerweise hatte der Erfolg Pompejis auch die Isolation der Stätte in ihrem lokalen Umfeld hervortreten lassen. Je strahlender der Leuchtturm Pompeji dastand, desto deutlicher wurde, dass er sich auf einer kleinen Insel befand inmitten eines Meeres aus Vorstadtquartieren und Industrieanlagen, viele davon verlassen. Das Einzige, was hier wächst, schienen Jugendarbeitslosigkeit und Kriminalitätsrate zu sein.

»Schön, Pompeji, nur schade, dass es in so einem Umfeld

liegt …«, ist ein Satz, den ich öfter zu hören bekomme. Die Politik setzte Hoffnungen in den archäologischen Park, mittels eines »Strategieplans für das Umland der UNESCO-Weltkulturerbestätten Pompeji, Herculaneum und Oplontis« zu einem Wandel beizutragen. Aber wie sollte das konkret funktionieren? Viele Menschen, die im Umland leben, sehen Pompeji als einen Fremdkörper, eine Art Ufo, das wenig bis nichts mit ihrer Realität zu tun hat, abgesehen von den Verdienstmöglichkeiten im Souvenirgeschäft, als Parkwächter oder Reinigungspersonal in den wenigen Hotels (viele Touristen übernachten in Neapel und kommen nur für einen Tagesausflug). Nicht wenige waren noch nie im antiken Pompeji, obwohl sie manchmal nur ein paar Hundert Meter vom Park entfernt leben. Andere das letzte Mal vor Jahrzehnten beim Schulausflug.

Theater ist die Lösung

Im »Strategieplan« standen ein paar Sätze – weniger als eine halbe Seite – zu einem Workshop, durch den junge Menschen an die Werte des Denkmalschutzes herangeführt werden sollten. Doch bevor man die jungen Leute mit irgendwelchen Fakten oder Werten konfrontieren kann, dachte ich, wäre erst mal eine emotionale Bindung zu Pompeji nötig. Etwas, das ihnen das Gefühl gibt, dass sie auch Teil von Pompeji sind, dass Pompeji auch ihnen gehört.

In anderen Wissenschaften wie der Ethnologie ist vom *ethical turn* die Rede, also von einer ethischen Wende. Ich finde, wir alle, die wir im Museumswesen arbeiten, haben eine solche Wende nötig, auch eine Stätte wie Pompeji, ein Ort europäischer Wurzeln. Ganz knapp gesagt, lässt sich der *ethical turn* auf diese Formel bringen: Museen sind nicht einfach Orte, an denen Menschen dank Beschriftungen und Apps Verbindungen zwischen Objekten herstellen, sondern Räume, wo Objekte Verbindungen zwischen Menschen schaffen. Pompeji als ein Ort der Begegnung zwischen Menschen, manche längst entschwunden, andere quicklebendig – das wäre es.

Vielleicht stand das Theater von Velia Pate beziehungsweise meine entnervte Entschlossenheit, auch irgendwas Positives daraus zu ziehen. Auf Schlamm können ja die schönsten Dotterblumen wachsen. Jedenfalls kam mir eines Tages auf dem Weg nach Hause die Idee, dass Theater die Lösung sei.

Das antike Pompeji hatte zwei Theater: Das kleinere, auch Odeion genannt, war überdacht, im größeren saß man unter freiem Himmel. Zum Schutz gegen die Sommersonne konnten Segel an langen Stangen aufgespannt werden. Das große Theater geht aufs 2. Jahrhundert v. Chr. zurück, war also zum Zeitpunkt des Vesuvausbruchs schon um die zweihundert Jahre alt. In der Zeit des Kaisers Augustus (Regierungszeit 31 v. Chr. bis 14 n. Chr.) wurde es komplett erneuert, woran eine Inschrift erinnert. Finanziert wurde die Erneuerung von zwei Mitgliedern der Familie der *Holconii*, die – wie könnte es anders sein – ihre Hände auch im lukrativen Weinhandel hatte.

Das Theater gehört zu den am frühesten ausgegrabenen Gebäuden Pompejis. Bereits 1765 war es zu weiten Teilen freigelegt. Bis zu zweitausend Zuschauer fanden darin Platz. Seit den Achtzigerjahren des letzten Jahrhunderts wird es wieder als Spielstätte genutzt. Theater, klassisch und modern. Aber auch Frank Sinatra und Nina Simone traten hier auf. 2022 hatten wir Patti Smith zu Gast.

Die Idee war, dass in demselben altehrwürdigen Theater die Jugendlichen aus der Gegend um das moderne Pompeji auftreten würden. Und dass sich das übliche Theaterpublikum aus dem Bildungsbürgertum Neapels und Salernos um ihre Freunde und Familien erweitern würde.

Theater machen heißt, voll dabei zu sein. Anders geht es nicht. Jeder hängt vom anderen ab, das ist kein Lernen für die Schule mehr, sondern für den Ernstfall, auch wenn im Publikum Eltern und Geschwister sitzen, wie ich das aus meiner eigenen Schulzeit kannte.

Im italienischen Schulsystem gibt es für so etwas leider wenig Raum. Das Programm ist sehr stark auf Inhalte ausgerichtet, was nicht selten im reinen Auswendiglernen von Fakten, Daten und Begriffen endet. Kreativität und aktive Beteiligung sind weniger gefragt. Es gibt natürlich Ausnahmen, aber die hängen meist von der Initiative einzelner Lehrerpersönlichkeiten ab.

Dass das Projekt trotzdem stattfand, wäre ohne zwei Menschen nicht möglich gewesen. Einer war die Leiterin des Oberschulamts für die Region Kampanien, Luisa Franzese, die ich aus meiner Zeit in Paestum kannte. Sie setzte durch, dass die Schulen überhaupt mitmachen konnten, trotz jeder Menge bürokratischer Hürden. Wir begannen mit zwei Schulen: einem *Liceo* (Gymnasium) in Pompeji und einem *Istituto Professionale* (was eher Haupt- bzw. Realschule entspricht) in Torre del Greco. So wollten wir auch Jugendliche in Berührung bringen, die ansonsten nichts miteinander zu tun hatten.

Der andere war Antonio De Rosa, ein Neapolitaner, den es nach Ravenna verschlagen hat, wo er als Leiter des Ravenna-Musikfestivals arbeitet. Eines unserer Probleme war ja, dass wir als Archäologen keine Ahnung hatten, wie man ein Theaterstück produziert, ganz zu schweigen von der Arbeit mit Jugendlichen als Darstellerinnen und Darstellern.

Ich kannte Antonio, weil wir 2020 ein Konzert zusammen mit Ravenna Festival in Paestum organisiert hatten, im Schatten des monumentalen Neptuntempels. Riccardo Muti dirigierte das Cherubini-Orchester. Ich freundete mich mit Antonio und Riccardo und seiner Frau Cristina Mazzavillani an, und ich beschloss, sie für das Theaterprojekt in Pompeji um Hilfe zu bitten. Denn es sollte kein Schultheater im klassischen Sinn werden, sondern »richtiges« Theater, unter der Leitung von professionellen Künstlerinnen und Künstlern.

Meine erste Dienstreise als Direktor von Pompeji führte mich also nach Ravenna. Im Ministerium in Rom runzelte manch einer die Stirn: Gibt es nichts Wichtigeres in Pompeji zu tun? Als ich dem Chef unserer Finanzabteilung mitteilte, wie viel Geld wir für das Projekt einplanen müssten, unterdrückte er nur mit Mühe sein Entsetzen. Sponsoren, die wir anfragten, winkten ab; sie gaben lieber was für Ausstellungen und Restaurierungsprojekte.

Im April 2021 saßen wir einen Nachmittag lang in Antonios Büro in Ravenna und spielten verschiedene Ideen durch. Klassisches Theater? Musiktheater? Tanz? Wie weit müsste eine Vorlage adaptiert werden, um mit den Jugendlichen innerhalb eines Schuljahres etwas Vorzeigbares hinzukriegen?

Antonio und sein Team führten mir alle Schwierigkeiten vor Augen, die mit so was verbunden wären. Am Ende des Meetings, das ich ziemlich entmutigend fand, schlugen sie vor, einen gewissen Marco Martinelli zu kontaktieren, der am Theater von Ravenna arbeitete und 2006 schon mal ein Projekt mit Jugendlichen aus sogenannten Problemvierteln Neapels gemacht hatte. Marco sagte, er hätte am Morgen darauf eine halbe Stunde Zeit.

Und so ging es los. Als Regieassistenten holte Marco zwei von den Jugendlichen, die einst bei seinem Projekt in Neapel mitgemacht hatten und Schauspieler geworden waren, Valeria Pollice und Gianni Vastarella. Maske und Kostüme: Roberta Mattera, Licht: Vincent Longuemare, Musik: Ambrogio Sparagna. Gespielt wurde Aristophanes' Komödie *Die Vögel*. Zusammen mit den Darstellerinnen und Darstellern, siebzig an der Zahl, erarbeitete Marco eine Adaption des Stoffes: Es ging um das Athen des 5. Jahrhunderts v. Chr., gebeutelt von Pest, Krieg, Misswirtschaft und Korruption. Aber auch um Pompei, Scafati, Torre del Greco und Torre Annunziata und wie ein junger Mensch dort lebt in Zeiten von Pandemie, Camorra und Wirtschaftsemigration.

Marco machte eine fantastische Arbeit. Er gab allen das Gefühl, ernst genommen zu werden. Wer es nicht glaubt, kann sich den Doku-Film anschauen, den Marcello Adamo dazu gemacht hat. Er hat die Jugendlichen von Tag 1 an begleitet, einige von ihnen in regelmäßigen Abständen interviewt.

Viele sagten anfangs, sie würden gar nicht mehr kommen. Aber die meisten kamen doch wieder. Keiner hatte je von Aristophanes gehört. Pompeji hatte niemand je freiwillig besucht. Etliche von den Mitwirkenden, die zwischen 14 und 17 Jahre alt waren, arbeiteten schon, weil ihre Familien sie kaum oder gar nicht unterstützen konnten. Manche mussten sich freinehmen, um an den Proben teilzunehmen. Einer,

Alter 17 Jahre, war dabei, Vater zu werden. Andere mussten erst mal überzeugt werden, nicht bekifft zu den Proben zu kommen.

Heute bin ich mit vielen weiter in Kontakt. Manche kommen zu Ausstellungen und Führungen durch die Ausgrabungen, ein paar haben sich keine der Aufführungen entgehen lassen, die das Theater Neapel im Sommer in Pompeji organisiert. Die Lehrerinnen sagen, ihre Schüler hätten sich verändert. Ein paar hoffnungslose Fälle blieben doch nicht sitzen. Ein Mädchen, das am Anfang vor Schüchternheit nicht mal seinen Namen sagte, übernahm eine Sprechrolle. Der werdende Vater wurde zu einem Casting bei einem professionellen Theater eingeladen, kurz bevor er ein paar Monate nach Deutschland ging, um in einer Küche eines italienischen Restaurants in Eisenach Geld zu verdienen.

Am 27. Mai 2022 war Premiere. Viele heulten: davor, weil das volle Theater Angst machte, und hinterher, weil jetzt alles schon wieder vorbei war. Ich hatte auch Tränen in den Augen, den ganzen Abend, aber niemand bemerkte es, weil ich in der ersten Reihe saß. Ich war zwar manchmal bei den Proben dabei gewesen, aber was ich sah, war einfach umwerfend. Sie spielten so gut, dass ich viele auf der Bühne gar nicht wiedererkannte. Halbwüchsige Mädchen und Jungs hatten sich in Akteure verwandelt, die ihre Sicht von Athen-Neapel ins Publikum deklamierten. Das Theater von Pompeji war ihr Theater geworden.

Der Titel des Projektes ist von Maria: *Sogno di volare*, was so viel bedeutet wie »Traum vom Fliegen«, aber auch »Ich träume vom Fliegen«. Ich konnte erst nichts damit anfangen, aber ich hatte auch keine bessere Idee. Am Ende fand ich ihn doch sehr passend. Für die Pressekonferenz machten wir

Buttons, auf denen stand *Sogno di volare*. Manche Mitarbeiterinnen und Mitarbeiter laufen noch heute damit rum.

Wir haben zusammen mit Marco beschlossen, in den nächsten Jahren weiterzumachen. Einen ersten Sponsor haben wir auch schon gefunden. Geht also doch!

Ein außergewöhnliches Grab

Marco konnte ein Schmunzeln nicht unterdrücken, als die erste wichtige Entdeckung meiner Amtszeit in Pompeji bekannt wurde, das war im Juli 2021. Denn durch sie erfuhren wir von einem Mann namens Marcus, der im antiken Pompeji »griechische und lateinische Spiele« veranstaltet hatte. Wenn das kein gutes Omen für Marcos Aristophanes-Inszenierung war.

Marcus Venerius Secundio verstarb Ende der Sechziger-/Anfang der Siebzigerjahre des 1. Jahrhunderts n. Chr. und wurde in der Nekropole vor dem Sarno-Tor Pompejis bestattet. Sein Grab, das 2021 von einem Team spanischer Archäologen unter der Leitung von Llorenç Alapont in Zusammenarbeit mit dem Archäologischen Park ausgegraben wurde, ist außergewöhnlich in doppelter Hinsicht. Erstens wegen der Grabinschrift, zweitens wegen des Bestattungsritus.[46]

Die Inschrift, die über sein Leben und die von ihm gesponsorten Spiele Auskunft gibt, prangte auf einer Marmortafel im Giebel des kleinen, rechteckigen Grabbezirks, sodass sie für jeden, der die Stadt durch das Sarno-Tor verließ, sichtbar war. Der untere Teil der Grabfassade war mit grünen Pflanzen auf blauem Grund bemalt, wovon sich leider nur spärliche Reste erhalten haben. Doch die Inschrift, eingraviert in den Stein, ist ohne Probleme lesbar:

> M(ARCUS) VENERIUS COLONIAE
> LIB(ERTUS) SECUNDIO AEDITUUS
> VENERIS AUGUSTALIS ET MIN(ISTER)
> EORUM. HIC SOLUS LUDOS GRAECOS
> ET LATINOS QUADRIDUO DEDIT.

> Marcus Venerius Secundio,
> Freigelassener der Stadt, Wächter des Tempels
> der Venus, Augustale und Gehilfe
> derselben. Dieser veranstaltete allein griechische
> und lateinische Spiele über vier Tage.

So kurz der Text ist, so reich sind die Informationen, die wir daraus ziehen können. Erst einmal haben wir hier einen Beleg für die Existenz öffentlicher Sklaven, also Sklaven, die sich im Besitz der Stadt Pompeji befanden. Die antike Version eines Angestellten im öffentlichen Dienst. Denn Marcus Venerius Secundio ist *coloniae libertus*, ein freigelassener Ex-Sklave der Kolonie.

Pompeji wird hier als *colonia* bezeichnet, weil die Stadt nach dem Bundesgenossenkrieg (91 bis 89 v. Chr.) auf Anordnung des Generals Sulla eine Kolonie römischer Veteranen aufnehmen musste. Das war 80 v. Chr. Erst ab diesem Zeitpunkt wurde Latein die offizielle Sprache der Stadt, zuvor sprach man Oskisch, die Sprache des italischen Volksstammes, der im Inland Kampaniens siedelte. Die Ansiedlung einer Veteranenkolonie bedeutete nicht nur, dass die neuen Herren Immobilien und Landbesitz übernahmen; auch der

Name der Stadt wurde geändert: Pompeji hieß von nun an offiziell *Colonia Veneria Pompeianorum*, »Venus-Kolonie der Pompejaner«. Venus war die Schutzgöttin Sullas, was erklären könnte, warum er ihren Namen in den Stadtnamen Pompejis einfügte.

Sulla, der Hunderte politische Gegner hatte ermorden lassen und sich schließlich zum Diktator ernennen ließ, wurde schon in der Antike kontrovers beurteilt. Umso überraschender ist, dass der von ihm verliehene offizielle Name Pompejis noch fast 150 Jahre nach seinem Tod im Jahr 78 v. Chr. in Gebrauch war.

Das geht auch aus dem Namen von Marcus hervor. Ein Sklave, muss man wissen, wurde nicht als Mensch, sondern als Sache betrachtet. Er hatte deswegen keinen vollen Namen, wie ihn römische Bürger führten. Deren Namen bestanden aus drei Teilen: Pränomen (»Vorname«), Gentilname (»Familien-« oder besser »Sippenname«) und Cognomen (wörtlich »Beiname«, eine Art Spitzname, der aber oft wie ein Familienname vererbt wurde). Gaius Julius Caesar: Gaius ist der Vorname (gingen bei vielen Kindern die Ideen aus, nummerierte man einfach durch: Secundus ist der Zweite, Quintus der Fünfte usw.; der Dichter Horaz zum Beispiel hieß mit vollem Namen Quintus Horatius Flaccus). Julius ist der Gentilname der *gens Iulia*, der Sippe der Julier, die sich auf die Zeit vor der Gründung Roms zurückführte. Julus war nach der antiken Legende der Name des Sohnes von Äneas, des trojanischen Prinzen und Urvaters der Römer. Caesar schließlich ist ein »Spitzname«, der mit *caedere*, »herausschneiden« zu tun haben könnte.

Noch ein Beispiel: Marcus Tullius Cicero. Marcus ist das Pränomen, der Name Tullius weist seinen Träger als Mitglied der Familie der Tullier aus, die aus dem Örtchen Arpinum im südlichen Latium stammte, also mit den Juliern an Ruhm und Tradition in keiner Weise wetteifern konnte. »Cicero« kommt wahrscheinlich von *cicer*, was Kichererbse bedeutet. Ein Vorfahre Ciceros hatte angeblich eine kichererbsengroße Warze auf der Nase. Der antike Schriftsteller Plutarch berichtet, Freunde hätten Cicero in seiner Jugend überreden wollen, den wenig schmeichelhaften Namen abzulegen, doch ohne Erfolg.[47]

Für einen Sklaven, bei dem nach antiker Ansicht weder Herkunft noch Familie eine Rolle spielten, genügte dagegen ein Name. Tiro, zum Beispiel, war der Name des Sklaven, der Cicero als Sekretär diente. Das war schon ein Fortschritt gegenüber früheren Zeiten, als manche Sklaven überhaupt keinen Namen hatten: Den Sklaven des Marcus rief man damals einfach Marcipor, was von *Marci puer* kommt und wörtlich »des Marcus Bursche« bedeutet.

Es war übrigens dem Sklavenbesitzer völlig freigestellt, den Namen eines Sklaven willkürlich zu ändern. Das konnte sowohl zur Bestrafung geschehen als auch, um ein besonderes Treueverhältnis auszudrücken.

Wurde ein Sklave freigelassen, so war das wie eine neue Geburt. Dahinter steckte die Vorstellung, dass ein Sklave zwar biologisch zur Welt gebracht wurde, aber sozial inexistent war. Ein Sklave war, nach Auffassung der antiken Eliten, im Grunde nichts weiter als ein »sprechendes Werkzeug«. Dass eine derartige Abwertung menschlichen Lebens nicht nur allgemein akzeptiert war, sondern auch als naturgegeben hingenommen wurde, verstört uns Heutige an der Antike vielleicht mehr als alles andere. Selbst eine Geistesgröße wie Aristoteles sah kein Problem darin, Sklaven als »von Natur aus« andersartig als Freie abzuqualifizieren.[48] Müssen wir unser Urteil über den antiken Philosophen angesichts solcher Aussagen revidieren? Vielleicht. Aber wir können uns an dieser Stelle auch fragen, welche Fehleinschätzungen spätere Generationen uns einmal vorwerfen mögen. Zum Beispiel hinsichtlich des Widerspruchs zwischen der Proklamation der »allgemeinen Menschenrechte« vonseiten einiger der mächtigsten Staaten der Welt und der Schaffung einer ökonomischen Ordnung, die in vielen Fällen diesen Menschenrechten hohnzusprechen scheint. In der Diskussion dazu lässt sich beobachten, wie immer wieder ökonomische Strukturen als marktbedingt und quasi alternativlos präsentiert werden – also als »naturgegeben«, wenn man so will. Wie künftige Archäologinnen und Archäologen das beurteilen werden, wenn sie vielleicht einmal eine Textilfabrik in Bangladesch ausgraben, wo Kleidung für die globalen Märkte unter unmenschlichen Bedingungen hergestellt wird, kann heute niemand sagen.

Da mit der Freilassung in der Antike aus dem »sprechenden Werkzeug« ein neuer Mensch wurde, nahm der Sklave gewöhnlich Pränomen und Gentilnamen des ehemaligen Herrn an, als ob er von diesem abstammte. Der Sklaven-Rufname wurde dabei zum Cognomen. Ciceros Sklave Tiro wurde so nach seiner Freilassung im Jahr 53 v. Chr. (er war damals um die 50 Jahre alt) zu Marcus Tullius Tiro.

Was passierte, wenn der Besitzer die Stadt war, sehen wir an unserem Beispiel: Secundio, wie er als Sklave geheißen haben muss, wird zu Marcus Venerius Secundio, um so auszudrücken, dass er ein Sklave der *Colonia Veneria* gewesen war. Wieso Marcus als Pränomen gewählt wurde, wissen wir nicht.

Derselbe Name taucht in einem ganz anderen Kontext in Pompeji auf: in einer Quittung über eine Pachtzahlung, die der Bankier Lucius Caecilius Iucundus entgegennahm. Im Jahr 1875 wurden in seinem Haus an der *Via Vesuvio*, einer der Hauptstraßen Pompejis, 151 zusammenklappbare Holztäfelchen gefunden, auf denen Pacht- und Kaufverträge festgehalten wurden. Geschrieben wurde auf Wachs, doch hatte in vielen Fällen der Griffel bis aufs darunterliegende Holz durchgedrückt. Auf Tafel Nr. 139 unterschrieb ein gewisser *M. Venerius Sec.* als Zeuge für eine Transaktion. Das muss zwischen 52 und 62 n. Chr. gewesen sein, da die Tafeln aus diesem Zeitraum stammen.[49]

Zwischen Anpassung und Individualität

Der Stolz, es zu etwas gebracht zu haben, spricht auch aus dem Rest der Inschrift. Sie geht über das übliche Schema hinaus (Name, Ämter, manchmal erreichtes Lebensalter), kommt allerdings auch nicht an die Ausführlichkeit der Grabinschrift des Gnaeus Alleius Nigidius Maius heran, um die es im vorigen Kapitel ging. Auch driftet sie nicht ins Abstruse ab, wie es eine Inschrift von der Nekropole vor dem Nocera-Tor tut. Das Grab, das die Nummer 23OS trägt, hat die Form eines kleinen Schreins, in dem die Statuen der Verstorbenen stehen. Auf einer Inschrift sind ihre Namen angegeben. Jemand sah sich veranlasst, folgenden Text darunterzusetzen: »Verweile kurz, Fremder, wenn es dir nicht lästig ist, und lerne kennen, was du vermeiden solltest: Diesen, wie ich gehofft hatte, Freund – von ihm wurde ich angeklagt und vor Gericht gebracht, und ein Urteil wurde gefällt; ich danke den Göttern und meiner Unschuld, dass ich von allem Ärger befreit wurde. Wer über unsere Angelegenheit log, den sollen weder die Hausgötter noch die Unterweltsgötter aufnehmen.«[50]

Marcus Venerius Secundio beschränkt sich darauf, in extrem knapper Form das anzugeben, was er als die wichtigsten Erfolge seines Lebens ansah. Zunächst eine Reihe von Ämtern, vom wichtigsten bis hin zum unbedeutendsten. *Aedituus Veneris*, Tempelwächter der Venus, also der Schutzgöttin Pompejis, die er nach seiner Freilassung im eigenen Namen trug. *Augustalis*, das heißt Mitglied im Kollegium der Augustalen, die für die kultische Verehrung des Kaisers zuständig waren. Das war eines der wenigen Ämter, die einem Freigelassenen offenstanden. Für die allermeisten politischen Ämter und Priesterschaften konnten sich nämlich erst die Söhne von Freigelassen bewerben, da sie »frei geboren« waren, im Unterschied zu ihren in der Sklaverei geborenen Vätern.

Doch nur die wenigsten Freigelassenen brachten es zu dem nötigen Wohlstand, um in diesen exklusiven Club einzutreten, denn man musste dafür ordentlich in die Tasche greifen. Angefangen bei der Berufung, die gebührend zu feiern war, stellte die Rolle als Augustale neben dem damit verbundenen Prestige auch eine finanzielle Verpflichtung dar.

Das antike Wort *minister* hat hingegen wenig mit unseren »Ministern« zu tun, denn es heißt einfach Gehilfe, Assistent – in diesem Fall bei denselben Augustalen, denen Venerius Secundio einmal als Mitglied angehören sollte. Der »Ministrant« in der katholischen Kirche, der sich vom selben lateinischen Begriff ableitet, kommt der antiken Bedeutung schon näher. Es ist wahrscheinlich, dass Secundio dieses Amt vor seiner Freilassung versah, denn solche Hilfstätigkeiten wurden meist Sklaven überlassen. Alles in allem also eine beachtliche Karriere eines Menschen, der einst »Besitz« der Stadtverwaltung von Pompeji war.

Das lateinische Wort für Sklave war *servus*, »Diener«. Unser Wort »servieren« kommt daher, aber auch das bayerische »Servus« zum Gruß, was ursprünglich so viel bedeutete wie »Ihr Diener«, »zu Diensten«.

In jüngerer Zeit ist unter Historikern eine Diskussion darüber entbrannt, ob man das Wort Sklave benutzen sollte, um das lateinische *servus* wiederzugeben. Die Debatte hat ihren Ursprung in den USA, wo Nachfahren von Menschen, die bis ins 19. Jahrhundert versklavt wurden, darauf hingewiesen haben, dass der Ausdruck »Sklave« deren Biografie auf ihre Entmenschlichung durch den Sklavenhandel reduziere.

Als ich für einen Vortrag am British Museum in London als Titel *Slaves and Freedmen in Pompeii* (»Sklaven und Freigelassene in Pompeji«) vorschlug, kam die Frage, ob ich *slaves* nicht durch *enslaved people* (»versklavte Menschen«) ersetzen wolle. Ich habe jedoch für den Vortrag wie auch für dieses Buch bewusst an dem Begriff »Sklave« festgehalten. Denn so verständlich ich es finde, dass man den Begriff im Fall von Menschen, deren Nachfahren noch heute unter den Folgen von Sklaverei und Rassismus leiden, zu vermeiden sucht, so absurd fände ich es, damit ausgerechnet bei der Antike anzufangen, in der auch weiße Mittel- und Nordeuropäer die Sklavenmärkte Roms bevölkerten. So etwas würde zu einem reinen Exerzitium in politisch korrekter Terminologie werden, von dem niemand etwas hätte (wer weiß schon, ob die eigenen Vorfahren in der Antike Sklaven oder Freie waren, oder beides) und das zur eigentlich wichtigen Sache, nämlich der Aufarbeitung der modernen Sklaverei, nichts beitragen würde.

Eine multikulturelle Stadt

Die größte Überraschung war der letzte Teil der Inschrift auf dem Grab von Marcus Venerius Secundio: »Dieser veranstaltete allein griechische und lateinische Spiele über vier Tage.« Damit ist gemeint, dass ausschließlich er für die Kosten des viertägigen Spektakels aufkam. Aber was muss man sich unter griechischen und lateinischen Spielen vorstellen? Das lateinische Wort *ludi*, wörtlich »Spiele«, ist wenig genau. Es kann sich sowohl auf athletische Wettkämpfe und akrobatische Darbietungen als auch auf Musik-, Tanz-, Pantomime- oder Theatervorführungen beziehen. Da aber die Spiele in unserer Inschrift als »griechische und lateinische« bezeichnet werden, müssen wir davon ausgehen, dass die Sprache eine Rolle spielte. Es handelte sich also vermutlich um Gesang oder Theater.

Ludi Graeci, »griechische Spiele«, so eine verbreitete Vermutung, meinte dabei ursprünglich, in den Zeiten der alten Republik, Theaterstücke in lateinischer Sprache, die griechische Stoffe verarbeiteten. Die »lateinischen Spiele« wären demgegenüber volkstümliche Possen in traditioneller Manier gewesen.

Doch auch wenn das stimmen sollte (was nicht sicher ist) – im 1. Jahrhundert n. Chr. hatte diese alte Unterscheidung, wenn sie einmal existiert haben sollte, überhaupt keinen Sinn mehr. Die griechische Literatur war so sehr Teil der lateinischen geworden, dass man einen griechischen Stoff in lateinischer Sprache gar nicht mehr als Besonderheit wahrnahm. In dieser Epoche konnte »griechische Spiele« nur eins bedeuten: Es wurde in griechischer Sprache geschauspielert oder gesungen.

Dass so etwas in Pompeji vorkam, hat man seit Langem vermutet, jedoch nicht beweisen können. Im ganzen östlichen Mittelmeerraum war Griechisch die vorherrschende, allgemein anerkannte Verkehrssprache. Römische Provinzverwalter und Gesandte mussten selbstverständlich Griechisch sprechen, römische Dekrete und Gesetze wurden auf Griechisch übersetzt.

In Pompeji lebten Menschen aus dem griechisch-sprachigen Osten, und viele andere lernten Griechisch, vor allem in den wohlhabenden Familien. Wie wir in Kapitel 1 gesehen haben, war die ganze Kultur bis hin zu den Wandmalereien mehr griechisch als römisch. Dass man in so einem Umfeld auch Schauspiele in griechischer Sprache goutierte, liegt nahe. Darüber hinaus ist seit Langem eine Tessera, eine kleine gravierte Plakette, bekannt, die auf der einen Seite das Theater Pompejis zeigt, während auf der anderen der Name des griechischen Tragödiendichters Aischylos eingeritzt ist – in griechischen Buchstaben. Das sieht ganz nach einer Art Eintrittskarte für ein griechisches Stück in Originalsprache aus.[51]

Die Inschrift von dem neu entdeckten Grab vor dem Sarno-Tor verschafft uns jetzt Gewissheit: Nicht nur im nahen Neapel, der alten griechischen Stadt, gegründet im späten 6. Jahrhundert v. Chr. von griechischen Siedlern, gab es griechische Theatervorstellungen; auch in Pompeji, das etruskisch, oskisch und schließlich römisch, aber niemals griechisch war, schätzte man den Klang der Sprache Homers und Euripides'.

Hinzu kommt, dass Marcus Venerius Secundio ja aus höchst bescheidenen Verhältnissen kam. Er zeigte somit nicht nur, dass er es finanziell zu etwas gebracht hatte; auch kulturell war er angekommen auf der Höhe der Eliten des römischen Reiches, die Latein und Griechisch beherrschten. Und damit war er nicht allein, denn eine griechische Theateraufführung zu organisieren, machte natürlich nur Sinn, wenn es auch ein Publikum dafür gab. Trotzdem wird es auch manchen gegeben haben, der Schwierigkeiten mit dem Verständnis hatte. Die Wahl, auch griechische Aufführungen ins Programm zu nehmen, hatte deshalb etwas Eigenwilliges und durchaus Exklusives. Venerius Secundio profilierte sich so als kultureller Kenner, vielleicht auch ein bisschen als Snob, der über griechische Wortspiele schmunzelte, die vielen seiner ehemaligen Mit-Sklaven unverständlich bleiben mussten.

Mit Haut und Haar

Die andere Besonderheit des Grabes von Marcus Venerius Secundio ist der Bestattungsritus. Grundsätzlich gab es in der Antike zwei Möglichkeiten: Einäscherung oder Körperbestattung. Allerdings war im letzten Jahrhundert vor dem Ausbruch des Vesuv Körperbestattung keine wirkliche Option. Mit Ausnahme von Bestattungen ganz kleiner Kinder sind alle bislang bekannten Gräber aus der Zeit seit der Ansiedlung der römischen Kolonisten 80 v. Chr. Brandbestattungen.

In den Gräbern finden wir normalerweise also die Urnen mit der Asche der Verstorbenen. Pompeji folgt damit einer Regel, die in dieser Zeit für ganz Italien typisch ist, vom Kaiserhaus bis zu den Grabnischen einfacher Bürger und Freigelassener.

Von dieser Regel weicht Marcus Venerius Secundio ab, und zwar ganz bewusst. Sein Grabmonument hat, wie andere derselben Zeit, die Form einer kleinen ummauerten Umfriedung mit wenig mehr als zehn Quadratmetern Innenfläche, in der die Urnen des Grabinhabers und weiterer Familienmitglieder Platz fanden, vergraben im ungepflasterten Boden. Ein großer Teil der Umfriedung wird im Fall von Markus Venerius' Grab indessen von einem Bauwerk eingenommen, das uns nur hier begegnet: ein rechteckiger Kasten mit abgerundeten Ecken, der sich direkt an die Rückwand der Fassade mit Inschrift und Malereien anlehnt. Im Inneren dieses Kastens sind nur etwa 2,5 Quadratmeter Platz, aufrecht stehen kann man nicht.

Doch um das herauszufinden, mussten wir erst mal einen Zugang schaffen, denn die Grabkammer war hermetisch verschlossen worden. Die einzige Öffnung, 61 × 67 cm weit, war nach der Bestattungszeremonie zugemauert worden. Zwei Restauratorinnen des Parks mussten vorsichtig den antiken Putz entfernen und das Gemäuer durchbrechen, ehe wir Einblick ins Innere erhielten.

Sobald die Grabkammer geöffnet war, musste alles ganz schnell gehen. Die hermetische Verschließung des Raumes, dessen Boden aus Steinen und Mörtel gemacht war, hatte bewirkt, dass das Skelett, das entlang einer der Wände gebettet worden war, besser erhalten war als jedes andere bisher in Pompeji geborgene. Auf dem Schädel befand sich noch die Kopfhaut mit den Haaren. Kurz geschorene graue Haare. Das

Alter des Toten wurde auf circa 60 Jahre bestimmt, was zu Haarfarbe und offenbar fortgeschrittenem Haarausfall im Scheitelbereich passte. Doch nicht nur die Haare, sogar die Ohren waren noch erhalten. Für Pompeji sind solche Erhaltungsbedingungen wirklich außergewöhnlich.

Verdankt wurden sie der relativ stabilen Temperatur und Luftfeuchtigkeit in dem hermetisch verschlossenen Raum. Möglicherweise wurden auch Substanzen zur Einbalsamierung verwendet, die zur Konservierung des Leichnams beitrugen. Auf und unter dem Skelett wurden Reste eines Stoffes gefunden, der wie Asbest aussieht; dieses Material wurde, wie wir wissen, zur Erhaltung von Leichnamen eingesetzt.

Durch die Öffnung des Zugangs nach fast zweitausend Jahren wurde das Raumklima ruckartig instabil. Kritisch war, dass die Grabung im Sommer stattfand, also Temperatur und Luftfeuchtigkeit besonders hoch waren. Wir dokumentierten daher schnellstmöglich die Fundlage und brachten das Skelett in ein klimatisiertes Depot des Archäologischen Parks.

Die Ergebnisse der naturwissenschaftlichen Analysen zu dem Grab stehen noch aus, doch schon jetzt ist deutlich: Hier wählte jemand einen zu jener Zeit außergewöhnlichen Bestattungsritus, die Körperbestattung im Unterschied zur damals üblichen Brandbestattung. Womöglich verwendete man sogar bewusst bestimmte Substanzen wie Asbest zur Einbalsamierung des Toten, doch das bleibt zu überprüfen.

Im selben Sommer wurde in der Umfriedung ein weiteres Grab entdeckt, das ganz dem gängigen Bild entspricht: Es ist die Urnenbestattung einer Frau, deren Name auf einer kleinen Marmorstele auf der Grabstelle verzeichnet war: Novia Amabiles. Vielleicht war sie die Frau von Marcus Venerius

Secundio, doch das können wir nicht mit Bestimmtheit sagen, denn aus dem Namen geht das nicht hervor. Der ist übrigens ein Beispiel für die weibliche Namensform, die nicht dreiteilig wie die der Männer war. Stattdessen setzte sie sich zusammen aus Gentilnamen (Novia) und Vornamen (Amabiles, was eine andere Form von Amabilis ist, wörtlich »die Liebliche«).

Was Kaiser Nero mit Pompeji zu tun hatte

So ungewöhnlich die Bestattung in Pompeji und darüber hinaus ist, sie steht nicht völlig allein. Die prominenteste Parallele ist niemand Geringerer als die Kaiserin Poppaea Sabina, die zweite Frau Neros. Wir haben sie schon kurz als Besitzerin der »Villa A« in Oplontis unweit von Pompeji kennengelernt. Sie entstammte der Familie *(gens)* der Poppaei, die aus der Gegend von Pompeji kam und in der Stadt Grundbesitz hatte. Das Haus des Menander, eines der schönsten Patrizierhäuser der Stadt, wird den Poppaei zugeschrieben.

Poppaea Sabina starb 65 n. Chr., also in den letzten Lebensjahren von Marcus Venerius Secundio, angeblich an den Folgen eines Fußtritts, den Nero im Streit seiner schwangeren Frau verpasst haben soll. Sie muss damals Mitte dreißig gewesen sein, ihr genaues Geburtsjahr ist nicht bekannt.

Aber mit den Geschichten über Nero ist das so eine Sache. Das Bild, das wir heute von ihm haben – verrückter Möchtegernkünstler, der von seinem Palast aus den Brand Roms besingt –, ist von seinen Feinden nach seinem Tod 68 n. Chr.

gezeichnet worden – und in einigen Punkten nachweislich falsch. So war Nero während des fatalen Brandes der Hauptstadt, an dem man ihm ein Interesse unterstellte (er wollte angeblich Platz für seinen neuen Palast, die Domus Aurea, schaffen), wohl gar nicht in Rom. Anschließend öffnete er seine Paläste den zahlreichen Obdachlosen.

Bei Volk und Senat war er zu Beginn seiner Regierungszeit 54 n. Chr. äußerst beliebt, allerdings verschlechterte sich das Verhältnis zum Senat mit den Jahren massiv, was wesentlich zu seinem Sturz betrug. Gleichzeitig ließ ihn die Loslösung von seiner Mutter und von seinem Mentor Seneca immer unkontrollierbarer werden. Dabei spielte auch Poppaea eine Rolle. Die war eigentlich mit Neros Freund Otho verheiratet, doch Nero war spätestens seit 58 n. Chr. unsterblich in sie verliebt.

Die Staatsraison, verkörpert durch seine mächtige Mutter Agrippina, die ihn auf den Thron gebracht hatte, und den Philosophen Seneca, gebot jedoch, dass er seiner Frau Octavia treu zu bleiben hatte. Denn Octavia war eine leibliche Tochter des Kaisers Claudius, während Nero – durch die Ehe seiner Mutter Agrippina mit Claudius – nur sein Stiefsohn war.

Nero wusste sich nicht anders zu helfen, als seine Mutter und Seneca aus dem Weg zu schaffen. Agrippina wurde 59 n. Chr. ermordet, Seneca zog sich zurück, Nero zwang ihn 65 n. Chr. zum Selbstmord. Einem Mord fiel auch Octavia zum Opfer; Nero bezichtigte sie des Ehebruchs, was wahrscheinlich komplett erfunden war.

62 n. Chr. war es endlich so weit, Nero und Poppaea heirateten. Im selben Jahr wurde Pompeji von einem Erdbeben heimgesucht, was für das Kaiserpaar der Anlass gewesen sein

mag, die schwer beschädigte Stadt zu besuchen. Von diesem Besuch zeugt eine Inschrift in der Küche des Hauses des Julius Polybius, eines einflussreichen Lokalpolitikers der letzten Jahre Pompejis. In den Putz geritzt, zeigt sie, dass Nero und Poppaea hier noch Jahre nach Neros gewaltsamem Tod und der vom Senat verfügten *damnatio memoriae* (Vernichtung aller offiziellen Ehrenmale und Gedenkinschriften für den Kaiser) große Popularität genossen. Jedenfalls hielt man es nicht für nötig, die Inschrift zu entfernen. Sie lautet: »Als Gaben sandte Poppaea der hochheiligen Venus einen Beryll, eine Ohrring-Perle und eine Riesenperle; als der Kaiser zur hochheiligen Venus kam, wohin deine schnellen Füße, Augustus, dich trugen, gab es unermesslich viel Gold.« Zu dem Gold, mit dem Nero den Tempel der Venus füllte, gehört vermutlich eine einzigartige goldene Öllampe, die 1863 im Venusheiligtum gefunden wurde und im Nationalmuseum Neapel aufbewahrt wird.[52]

Von der anhaltenden Popularität des singenden Kaisers zeugten übrigens auch verschiedene »falsche Neros«, die im Ostteil des Reiches noch Jahre nach seinem Tod auftauchten. Dort war er als Verehrer alles Griechischen, insbesondere der griechischen Dichtung und Musik, besonders beliebt. Nero holte nicht nur zahlreiche griechische Künstler nach Rom, er sang auch selbst auf Griechisch – und zwar, zum Entsetzen der Senatoren, öffentlich, unter anderem in Neapel.

Wir können daher auch die Veranstaltung »griechischer Darbietungen« durch Marcus Venerius Secundio als Reflex von Neros öffentlich zur Schau gestellter Griechenlandverehrung sehen. Während aus Sicht der Senatoren das Künstlertum Neros einem Kaiser nicht anstand, müssen wir davon ausgehen, dass es beim einfachen Volk Sympathien weckte.

Nach dem alten Kaiser Claudius, der sich in seiner Freizeit mit dem Studium der etruskischen Sprache und Geschichte beschäftigte, wirkten Nero und Poppaea wie junge Popstars.

Doch Marcus Venerius hatte noch einen weiteren Grund, Nero wohlgesinnt zu sein: Der hatte nämlich 56 n. Chr. eine Gesetzesvorlage des Senats blockiert, die es erlaubt hätte, unbotmäßigen Freigelassenen die Freiheit wieder zu nehmen.

Eine Kaiserin mit Interesse für Höheres?

Darüber, warum Poppaeas Leichnam nicht verbrannt, sondern »nach Sitte ausländischer Könige«,[53] wie der Historiker Tacitus schreibt, einbalsamiert und intakt ins Grab gesenkt wurde, können wir nur spekulieren. Der Rest der Zeremonie, einschließlich der Prozession zum Grab und der Totenrede des sich tief betroffen gebenden Nero – er war damals noch keine dreißig Jahre alt –, scheint nach dem üblichen Protokoll verlaufen zu sein. Es ist aber wahrscheinlich, dass dahinter entweder ein ausdrücklicher Wunsch Poppaeas steckte oder aber, dass man zumindest versuchte, dem zu entsprechen, was sie sich nach Vorstellung der Hinterbliebenen gewünscht hätte.

Was könnte der Hintergrund für einen solchen Wunsch gewesen sein? Dass auch Poppaea nach Neros Tod der Verdammung durch den Senat anheimfiel und die offizielle Geschichtsschreibung ein ähnlich negatives Bild von ihr zeichnete, wie sie es von ihrem Gatten tat, macht es besonders schwierig, etwas über ihren Charakter und ihre Ansichten zu sagen.

Mit den »ausländischen Königen« sind vermutlich die makedonischen Könige und die Nachfolger Alexanders des Großen gemeint. Der Leichnam Alexanders des Großen, des 323 v. Chr. verstorbenen Welteroberers aus Makedonien im Norden des heutigen Griechenlands, wurde in Honig einbalsamiert und nach Alexandrien in Ägypten gebracht. Oktavian, der spätere Kaiser Augustus, soll 30 v. Chr. die sterblichen Überreste des großen Idols beschaut und dem Verstorbenen sogar ein goldenes Diadem aufgesetzt haben. Angeblich brach er dabei versehentlich ein Stück von der Nase des mittlerweile fast drei Jahrhunderte alten Leichnams ab.[54]

Zu Poppaeas (und Marcus Venerius') Zeit konnte die Körperbestattung also als Rückgriff auf eine typisch östliche, griechisch-makedonische Praxis aufgefasst werden. Gleichzeitig nahm sie eine spätere Entwicklung vorweg. Ab dem 2. Jahrhundert n. Chr. sollte die Körperbestattung auch in Italien wieder vorherrschend werden. Am Anfang des 5. Jahrhunderts konnte ein Autor wie Macrobius die Leichenverbrennung als etwas beschreiben, das man nur noch aus alten Büchern kannte.[55] Diese Entwicklung war durch das Christentum verstärkt worden, auch wenn sie lange vor dem Aufstieg des Christentums begonnen hatte und daher als etwas davon ursprünglich Unabhängiges zu sehen ist. Das Problem ist, dass die antiken Quellen uns rein gar nichts über die Gründe verraten, die hinter dem Trend zur Körperbestattung standen.

Es scheint, dass im frühen Christentum die Wahl der Körperbestattung mit dem Glauben an eine körperliche Auferstehung der Toten verbunden war; der Tod wurde als eine Art Schlaf betrachtet. Damit stellte sich das Christentum auch in die jüdische Tradition, die ebenfalls die Brandbestattung ablehnte. Zwar scheint es Ausnahmen gegeben zu haben, wie auch später im Christentum. Doch in der Thora gibt es mehrere Stellen, die nahelegen, dass Leichenverbrennung generell als Schmach und Unheil angesehen wurde, weshalb sie auch als posthume Strafe vollzogen werden konnte. Zur Hinrichtung kam in solchen Fällen noch die Verbrennung des Hingerichteten hinzu.

Ohne auf spitzfindige theologische Diskussionen einzugehen, die es schon in der Antike gab, können wir festhalten, dass die Körperbestattung Teil einer Tradition war, die nicht nur andere Riten als das alte Rom hatte, sondern auch ein anderes Verhältnis zum Tod implizierte. Mit manchen modernen Forschern könnte man von einem »respektvolleren Umgang« mit den Toten sprechen. Auf die wartete noch etwas, vielleicht kam das Eigentliche sogar erst nach dem Tod.

Die Erwartung der Ankunft des Messias, bis zu der die Toten »im Staub der Erde schlafen«, um dann »zu erwachen«, begegnet bereits im Alten Testament bei Daniel (12,2), auf den sich Jesus öfter bezieht. Gemein ist beiden eine apokalyptische Endzeiterwartung, verbunden mit der Auferstehung der Toten und einer Art Weltengericht, das über alle, Tote und Lebende, gehalten werden wird.

Um Missverständnissen vorzubeugen: Weder Poppaea Sabina noch Marcus Venerius Secundio waren Christen. Marcus Venerius war Tempelwächter der Venus, Poppaea nahm als Kaiserin an zahlreichen altrömischen Riten teil. Vielleicht gehörten die beiden aber zu den Menschen, die auf der Suche nach neuen Antworten waren in einer Zeit, in der die traditionelle Götterwelt zunehmend als leere Hülle und Formalität wahrgenommen wurde.

Im Fall von Poppaea haben wir darauf sogar konkrete Hinweise. Damit ist nicht so sehr ihr Interesse für die alte, aus Babylonien stammende Kunst der Astrologie gemeint, die ihre Feinde ihr nach Neros Ende zum Vorwurf machten. Wo doch 52 n. Chr. Kaiser Claudius in gut römischer Tradition alle Astrologen aus Italien verbannt hatte! Was in unserem Zusammenhang interessanter erscheint, ist ein anderes Detail aus ihrer Lebensgeschichte – auch weil es aus einer unverdächtigen Quelle stammt. Der jüdische Historiker Flavius Josephus (man beachte den Gentilnamen Flavius, der ihn als Ex-Sklaven des späteren Kaisers Titus Flavius Vespasianus ausweist) hatte weder Grund, Poppaea zu lobhudeln, noch, sie schlechtzumachen. Josephus, der Poppaea persönlich traf, um für die Freilassung eingekerkerter Landsleute zu bitten (die Bitte wurde gewährt, der Bittsteller von der Kaiserin reich beschenkt), nennt sie »gottesfürchtig«. Sie erwirkte, so heißt es bei Josephus, Neros Intervention zugunsten der jüdischen Priesterschaft in einem Streit mit dem römischen Vasallenkönig Herodes Agrippa II.[56] Auch hier sollte man sich hüten, an religiöse Bekehrung zu denken. Aber immerhin scheint es, dass Poppaea ein gewisses Interesse für den Gott aus dem Osten hatte, der so anders war als die römischen und griechischen Götter mit ihren menschlichen Gestalten und ihren oft allzu menschlichen Stärken und Schwächen.

Wie dem auch sei, ihren Gatten hinderte das nicht, nach dem Brand Roms, für den manche ihn selbst verantwortlich machten, eine kleine Sekte als Sündenbock hinzustellen, die einen zum Foltertod am Kreuz verurteilten Verbrecher verehrte: die Christen. Viele von ihnen wurden lebendig verbrannt, da das die Strafe für Brandstiftung war. Es war die erste offizielle Christenverfolgung, die allerdings auf die Stadt Rom beschränkt blieb.

Die letzten Tage von Pompeji

In der Beurteilung der Nachwelt hat die Christenverfolgung Neros ein unvergleichlich größeres Gewicht bekommen, als sie es aus Sicht der meisten Zeitgenossen wohl je hatte. Christen galten als Spinner. Radikale Forderungen wie »Schlägt dich einer auf die rechte Wange, so biete ihm auch die andere dar« stießen bei den meisten auf völliges Unverständnis (was sie heute im Grunde vermutlich auch tun, nur dass man die Sprüche eben irgendwie kennt). Ebenso war die von Jesus und Paulus gepredigte sexuelle Enthaltsamkeit der sinnenfreudigen antiken Mentalität fremd.

Die Fantasie moderner Schriftsteller hat sich immer wieder an der Möglichkeit entzündet, dass auch in Pompeji frühe Christen lebten. Wie mussten auf sie die allgegenwärtige Erotik der Wandmalereien und die rücksichtslose Vetternwirtschaft und Korruption im politischen Bereich wirken? Wie verhielten sie sich zu den traditionellen Riten in den Tempeln der Venus, des Apollo, der Isis? Ist ein Graffito aus Pompeji, bestehend aus den Worten *Sodom(a) Gomora*, als zeitgenössische Kritik an den Zuständen in der römischen Stadt vonseiten eines Kenners des Alten Testaments zu verstehen, im Sinn einer Gleichsetzung der sündigen, von Jahwe vernichteten Städte Sodom und Gomorrha am Toten Meer mit dem antiken Pompeji?[57]

Durchgespielt hat diese Fantasie der englische Romancier

und Politiker Edward Bulwer-Lytton, 1803 in London geboren. *The Last Days of Pompeii*, erschienen 1834 und bis heute volle sieben Mal verfilmt, erzählt die Geschichte zweier junger Verliebter, Glaukos und Jone, er reich, sie aus armen Verhältnissen. In der Geschichte fehlt es an keiner Zutat für einen richtigen Krimi, von Mord, Erpressung, Vergiftung und Verleumdung bis zum Showdown in der Arena Pompejis, wo der ausbrechende Vesuv den hungrigen Löwen im letzten Moment von seinem unschuldigen Opfer – Glaukos – zurückhält. Früher als die Menschen wittert das Tier die nahende Gefahr und zieht sich ängstlich in seinen Käfig zurück.

Die Erzählung, die teils in dem wenige Jahre zuvor ausgegrabenen »Haus des Tragischen Dichters« spielt, ist durchzogen vom Konflikt zwischen dem aufkeimenden Christentum, zu dem sich Glaukos und Jone am Ende bekehren, und dem alten »Heidentum«, verkörpert durch den ägyptischen Isispriester Arbaces, den Erzbösewicht des Plots. Dessen Religion wird als reiner Mummenschanz, vollführt dank billiger Zaubertricks, vorgeführt. Umso strahlender steht das Christentum als Religion der Zukunft da.

Doch fehlt gerade diesem erzählerisch zentralen Motiv jedes historische Fundament. Denn eindeutige Hinweise auf Christen in Pompeji gibt es nicht. Wir haben zwar Zeugnisse, die auf die Präsenz von Juden in Pompeji deuten, darunter das oben genannte Graffito und ein Wandbild mit der Darstellung des Salomonischen Urteils. Doch von der einstweilen kleinen Gruppe, die in Jesus von Nazareth den Messias sah und auch für Nichtjuden offen war, fehlen eindeutige Spuren.

Das ist auch nicht verwunderlich, wenn man bedenkt, dass das Christentum damals noch kaum dem glich, was es durch die Institutionalisierung der Kirche geworden ist. So muss man sich zum Beispiel klarmachen, dass von dem Textkanon des Neuen Testaments zum Zeitpunkt des Vesuvausbruchs 79 n. Chr. nur die Paulusbriefe existierten (die als authentisch einzustufenden wurden zwischen 50 und 60 n. Chr. verfasst) sowie das Markusevangelium (ungefähr 70 n. Chr.). Andere Schriften mögen schon zirkuliert sein, sind aber nicht erhalten. Das (relativ kurze) Markusevangelium besteht übrigens hauptsächlich aus Geschichten von Wunderheilungen und Prophezeiungen, ist also aus dem Stoff gemacht, der aus Bulwer-Lyttons Sicht eher typisch für die als irrational und wundergläubig beschriebene altägyptische Religion war.

Trotzdem ist Pompeji aufschlussreich auch für das Verständnis des frühen Christentums. Die Stadt gibt Einblick in die Lebensbedingungen einer Gesellschaft, in der die neue Religion Fuß fassen konnte, um drei Jahrhunderte später zur Staatsreligion zu werden. Wir haben gesehen, wie sich der Mikrokosmos aus Stadt und Ackerland, der in früheren Jahrhunderten das Bild bestimmt hatte, auflöste und wie sich das in der Bevölkerungsstruktur und der Wirtschaft Pompejis widerspiegelte. Die so entstandene Komplexität, die von den einzelnen Menschen gar nicht mehr voll erfasst werden konnte (da musste man Hunger leiden, während die Stadt Wein exportierte), spielte sicher eine entscheidende Rolle dabei, die Bereitschaft für neue und unorthodoxe Antworten zu schaffen.

Und doch ist es immer wieder verblüffend, wie radikal neu und unorthodox diese Antworten waren. Daher muss ich paradoxerweise sagen: Je länger ich mich mit der Antike und mit Pompeji im Besonderen beschäftige, desto erstaunlicher und im Grunde unverständlicher erscheint mir die Tatsache, dass ein zum Foltertod am Kreuz verurteilter Verbrecher (die Kreuzigung war üblicherweise Sklaven und Nichtbürgern vorbehalten) eine solche Bewegung auslösen konnte – noch dazu mit Lehren, von denen viele dem antiken Menschenverstand komplett zuwiderliefen.

Das Leben geht weiter

Frühes Christentum und Pompeji – das beflügelte auch deshalb die Fantasie der Nachwelt, weil die ständige Endzeiterwartung der frühen Christen hier Realität geworden zu sein schien. Wenigstens punktuell war hier das Strafgericht Gottes auf eine sündige Stadt niedergegangen – so deuteten es noch im 18. Jahrhundert fromme Kirchenmänner. »Viele flehten die Götter an«, hatte der »Heide« Plinius geschrieben, »andere meinten, es gebe gar keine Götter mehr und der Welt sei eine ewige neue Finsternis angebrochen.«[58]

Aber gab es nicht noch eine andere Möglichkeit, die Katastrophe zu erleben, ihr einen höheren Sinn zu verleihen, Tod und Zerstörung zu transzendieren? Und: Ist nicht alles Leben dem Tod unterworfen, Pompejis Zerstörung also nur eine drastische Verdichtung der *conditio humana*, der Grundbedingung aller menschlichen Existenz?

Wenige Jahre vor dem Vesuvausbruch hatte Paulus an die Korinther geschrieben: »Ich sterbe täglich« (1. Kor. 15,31). Tod und Untergang Pompejis als Normalfall, als Alltäglichkeit: Jeder Tag kann der letzte sein; sorge dich nicht um morgen, morgen wird für sich selbst sorgen. Solche Gedanken zirkulierten in jener Zeit auch außerhalb radikaler Strömungen, wie sie das Christentum verkörperte. Schon in der Zeit der späten Republik waren Skelette zu einem Thema der Kunst geworden. In Pompeji begegnen sie uns in Mosaiken und auf Silberbechern. Sie scheinen den Lebenden zuzurufen: Freut euch an eurem Dasein, solange ihr noch könnt! Man könnte es auch so formulieren: Setzt die Prioritäten in eurem Leben im Bewusstsein seiner Endlichkeit.

Im *Satyricon*, dem satirischen Roman aus dem 1. Jahrhundert n. Chr., der ein so bezeichnendes Licht auf das Leben im antiken Kampanien wirft, wird das ins Lächerliche gezogen, wenn beim Gelage der neureiche Gastgeber Trimalchio ein silbernes Skelett auf dem Tisch tanzen lässt und dazu rezitiert:

> »Ach, wir Armen, wie doch
> das ganze Menschlein nichts ist!
> So werden wir alle sein, wenn einmal
> der Orkus uns davongetragen hat.
> Drum leben wir, solange es uns gut geht!«[59]

Ob das wirklich zum Lachen ist oder doch irgendwie todernst, muss offenbleiben. Genauso wie die Frage, ob am Ende die Lehre aus der Geschichte Pompejis so einfach ist: sich an das zu erinnern, was wir gerne verdrängen, nämlich dass es jeden Moment zu Ende sein kann. Dass das Leben zerbrechlich ist. Dass es sich nicht lohnt, es wegzuwerfen, es kann uns sowieso jeden Moment genommen werden.

Bei Ausgrabungen im »Haus des goldenen Armbands«, das wir 2021 begonnen haben zu restaurieren, trafen die Archäologen zwischen dem 3. und dem 6. Juni 1974 auf die Überreste von drei Menschen, niedergekauert in einem winzigen Kellerraum, in den sie sich während des Vesuvausbruchs geflüchtet hatten. Es gelang, Gipsabgüsse von ihnen herzustellen: zwei Erwachsene und ein Kind, Alter etwa fünf bis sechs Jahre. Es klammerte sich noch im Tod an seinen erwachsenen Begleiter. Es lag nahe, die Gruppe, die im Antiquarium Pompejis ausgestellt ist, als Familie zu interpretieren. Doch zeigten DNA-Analysen: Alle drei waren männlich und anscheinend nicht blutsverwandt. Keine Familie also, sondern drei Menschen, durch die Zufälle des Lebens zusammengekommen und zusammen gestorben.[60]

Aber nicht nur das. Pompeji ist auch eine Geschichte vom Überleben und vom Weiterleben. Wenn die Zahl der Menschen, die hier lebten, tatsächlich so hoch war wie in Kapitel 3 vermutet, dann relativiert das auch die Zahl der Opfer. Bisher wurden etwa 1300 Opfer des Vesuvausbruchs gefunden, die genaue Zahl ist nicht bekannt, da bei frühen Ausgrabungen Skelettreste weder sorgfältig dokumentiert noch aufbewahrt wurden. Doch selbst wenn sich die Zahl noch verdoppeln sollte und weitere Menschen auf den Landstraßen außerhalb Pompejis bei der Flucht ums Leben kamen, käme man auf ungefähr zehn bis fünfzehn Prozent von den 20 000 Einwohnern und Einwohnerinnen, die nach neuer Schätzung in der Stadt lebten. Das heißt auch: An die 90 Prozent kamen noch mal davon, ihr Leben ging weiter.

Allerdings nicht in Pompeji. Zwar beauftragte der wenige Monate vor der Katastrophe an die Macht gelangte Kaiser Titus zwei Beamte mit dem Wiederaufbau Pompejis. Dazu durften sie auch das Vermögen der Toten verwenden, die keine Erben hinterlassen hatten. Doch am Ort angekommen, mussten die Beamten feststellen: Aufbauen hatte keinen Sinn. Pompeji und sein fruchtbares Umland waren in eine graue

Wüste verwandelt worden, die Lage der Stadt unter meterhohen Stein- und Ascheschichten nur vage erkennbar. Die Überlebenden verteilten sich auf umliegende Orte, wie Inschriften mit pompejanischen Namen vermuten lassen.

Es begann die Ausplünderung Pompejis. Privatleute gruben in ihren Häusern – oder einfach da, wo sie sie vermuteten – nach zurückgelassenen Habseligkeiten. Am Forum ging man systematisch vor: Fast alle Marmorverkleidungen und Bronzestatuen wurden schon in der Antike entfernt, das kostbare Material wurde wiederverwendet. Es folgten Generationen von Raubgräbern, deren Spuren wir noch heute bei Ausgrabungen finden. Habenichtse, die in Asche und Staub nach Wertgegenständen wühlten, dabei wohl auch auf manchen Leichnam stießen.

Noch waren die Obergeschosse der Häuser erkennbar. Mit den Jahren jedoch kehrte die Vegetation zurück, zog aus dem Vulkanboden unwahrscheinliche Kraft, die die Ebene am Fuß des Vesuvs aufs Neue in einen Garten Eden verwandelte, wo auf einem Stück Land drei- oder viermal im Jahr Ernte gemacht wird.

Und damit kam … das Vergessen. Zwar lebte im Ortsnamen Civita (von lateinisch *civitas*) die Erinnerung an eine verschwundene Stadt weiter, doch nach Beginn der Grabungen 1748 brauchte es fünfzehn Jahre, bis man wusste, dass man in Pompeji und nicht im ebenfalls aus antiken Schriftquellen bekannten Stabiae grub.

Bereits in den Jahren 1592 bis 1605 hatte der Graf von Sarno einen 21 Kilometer langen Wasserkanal für seine Mühlen in Torre Annunziata anlegen lassen, der mitten durch Pompeji verläuft. Der Kanal ist bis heute weitgehend intakt; da er über weite Strecken offen ist, wurde er an vielen Stellen zur Bewässerung der Felder angezapft. Eingänge zu dem unterirdischen Abschnitt, der unter Pompeji durchführt, kann man im Grabungsgelände an verschiedenen Stellen sehen. Bei seiner Erbauung durchschlugen die Arbeiter antike Mauern, fanden Statuen und Münzen. Aber die Zeit war noch nicht reif für die Entdeckung Pompejis, die Funde während der Bauarbeiten blieben ohne Folgen. Das Vergessen sollte noch dauern.

Das Ausmaß einer Katastrophe bemisst sich auch daran, wie schnell oder langsam sie vergessen wird, vergessen werden kann. So gesehen, hat das Vergessen, das sich in Gestalt neu aufblühender Vegetation bald der Stätte des antiken Orts bemächtigte, auch etwas Tröstliches. Die Wunde schloss sich. Gewiss, die Schriften von Historikern wie Plinius bewahrten das Geschehene im Gedächtnis, wenn auch – aus unserer Sicht – in allzu knapper Form. Doch am Ort erinnerte kein Monument an die Opfer, kein heiliger Bann befiel die Stelle des Unglücks. Auch ein neues Pompeji wurde nirgendwo erbaut. Dabei wäre das durchaus eine Option gewesen. Selbst Karthago, Erzfeind Roms, durfte nach völliger Zerstörung durch die Römer im Jahr 146 v. Chr., als die gesamte Bevölkerung in die Sklaverei verkauft wurde, ein Jahrhundert später unter Caesar wiedererstehen. Im Jahr 397 n. Chr. fand in der Stadt sogar ein wichtiges Kirchenkonzil statt. Auf Pompejis Überresten weideten da schon lange Schafe zwischen Olivenbäumen und Weinreben.

Pompejis Geschichte ist so gesehen auch ein Lob des Vergessens. Ohne Vergessen kann es schließlich keine Wiederentdeckung geben, ohne Untergang nicht den Zauber des Wiederfindens und Bewahrens. Im Grunde kann es ohne Vergessen auch keine Geschichte geben, denn Geschichte heißt immer, auswählen, was man erzählt und was man weglässt, also vergisst. Man stelle sich einmal vor, es gäbe kein Vergessen: Dann wäre die Vergangenheit gar nicht Vergangenheit, sondern immer noch voll da, präsent, gegenwärtig.

Das gilt, glaube ich, aber nicht nur für Pompeji, sondern für jede und jeden von uns. Das, was war und sein wird, hat niemand im Griff, doch die Mischung aus Erinnern und Vergessen, mit der wir auf unsere Geschichte blicken, liegt in unserer Hand.

Juli 2022, wieder eine Führung, wieder erwartungsvolle Gesichter. Diesmal ist es nicht die Handelskammer, sondern es sind zwanzig junge Leute von unserem Theaterprojekt. Es war ihre Idee, natürlich habe ich sofort Ja gesagt. Ihre Blicke sind erwartungsvoll, nicht, weil sie endlich wissen wollen, was Pompeji bedeutet und warum es wichtig ist. Das wissen sie längst. Es ist der Ort, in dem »ihr« Theater steht; ein Ort, mit dem sie Emotionen verbinden, freudvolle und auch ein paar leidvolle. Sie sind erwartungsvoll, weil sie sehen wollen, wie der Direktor von »ihrem« Ort erzählt, was es Neues zu berichten gibt. Ich weiß es noch nicht genau. Wir werden bei den Restauratoren im Haus der Vettier vorbeischauen. Vielleicht werde ich von Dionysus und Ariadne erzählen oder von den vier Stilen der pompejanischen Wandmalerei. Oder vom Leben der Sklaven und Freigelassenen und von ihren Gräbern, wie dem des Marcus Venerius Secundio. Vielleicht wollen sie auch was ganz anderes wissen, mal sehen. Wo anfangen, ist gar nicht so wichtig. Was am Ende zählt, tragen sie alles schon in sich.

Dank

Die ursprüngliche Idee für das Thema dieses Buches geht auf einen Abend zurück, den ich mit der Sängerin Paola Salurso und einer kleinen Combo am 6. August 2019 am Hafen von Pioppi im Cilento unter dem Titel »Il senso del classico« (»Der Sinn des Klassischen«) bestritt. Wir spielten ein verjazztes Prélude von Chopin und traditionelle italienische Lieder, dazwischen erzählte ich von meiner Arbeit in Paestum. Dass daraus, über lange Umwege, ein Buch über Pompeji wurde, ist der Ermutigung und Geduld von Alfio Furnari von der Agentur Landwehr & Cie und Bettina Eltner vom Ullstein-Verlag zu verdanken: Durch unzählige Gespräche und Diskussionen halfen sie, aus der Idee etwas in Buchform Präsentables zu machen.

Meine Schwester Mirjam und meine Freunde Anja und Axel haben Teile des Manuskripts gelesen und mir wertvolles Feedback gegeben. Katharina, Carlotta und Gianni haben es nie an Unterstützung fehlen lassen und mir vor allem zu verstehen gegeben, was am Ende wirklich zählt.

Silvia Vacca, die im Besucherdienst des Parks arbeitet, hat den Großteil der Fotos gemacht, wofür ich ihr ebenfalls danken möchte.

Thomas Fröhlich hat das Manuskript nach inhaltlichen Gesichtspunkten durchgesehen; alle verbleibenden Fehler und Ungenauigkeiten gehen auf mein Konto.

Einige Kolleginnen und Kollegen aus Pompeji kommen namentlich im Buch vor, aber ich hätte viel mehr Platz gebraucht, um zu erzählen, was jede und jeder leistet und wie sehr alles, was wir tun, Teamwork ist. Neben den im Text genannten Personen geht mein Dank an Ludovica Alesse, Maria Pia Amore, Valeria Amoretti, Teresa Argento, Giuseppe Barbella, Maurizio Bartolini, Antonio Benforte, Silvia Bertesago, Pina Brancati, Alberto Bruni, Mattia Buondonno, Vincenzo Calvanese, Paola Cataldo, Anna Civale, Domenico Costabile, Mattia De Luca, Mariangela Esposito, Andrea Foti, Arianna Galasso, Stefania Giudice, Elena Gravina, Raffaella Guarino, Aniello Iervolino, Marika Lombardo, Rosanna Mariano, Raffaele Martinelli, Clelia Mazza, Paolo Mighetto, Annapaola Mormone, Olga Nastri, Pietro Oliva, Anna Onesti, Ernesta Rizzo, Tiziana Rocco, Maria Rosa Rosa, Marco Rovito, Antonino Russo, Davide Russo, Paola Sabbatucci, Armando Santamaria, Federica Savarese, Giuseppe Scarpati, Anna Maria Sodo, Arianna Spinosa, Christian Starace, Monica Vassallo, Alessandra Zambrano und Salvatore Zaza.

Zum Schluss, tausend Dank an Luisa Cavaliere, Domenico Cavallo und Teresa Giuliani – sie wissen schon, weshalb.

Da nicht alle Genannten des Deutschen mächtig sind, hier noch mal in der internationalen pompejanischen Version:

HIS OMNIBUS PLURIMAS AGO GRATIAS, QUIA
SINE CONSILIO AUXILIOQUE EORUM
NIHIL UTILE ASSECUTUS ESSEM.

Anmerkungen

1 G. Margherini, *La sindrome di Stendhal. Il malessere del viaggiatore di fronte alla grandezza dell'arte*, 2003.

2 K. N. Cotter, A. Fekete, P. J. Silvia, Why Do People Visit Art Museums? Examining Visitor Motivations and Visit Outcomes, *Empirical Studies of the Arts* 40.2, 2021, S. 275–295.

3 J. H. Falk, Viewing art museum visitors through the lens of identity, *Visual Arts Research* 34.2, 2008, S. 25–34.

4 Stendhal, *Rome, Naples et Florence*, 1826, S. 102.

5 Ebd., S. 101.

6 Plinius d. J., *Briefe*, Buch 6, 16.

7 M. Osanna, *Pompeji. Das neue Bild der untergegangenen Stadt*, 2019, S. 256–264. Zum genauen Datum des Vesuvausbruchs, das bis heute umstritten ist, siehe P. W. Foss, *Pliny and the Eruption of Vesuvius*, 2022, S. 115–148.

8 R. B. Stothers, M. R. Rampino, Volcanic Eruptions in the Mediterranean Before A. D. 630 From Written and Archaeological Sources, *Journal of Geophysical Research* 88, 1983, S. 6357–6371.

9 Plinius d. J., *Briefe*, Buch 6, 20.

10 J. W. von Goethe, *Italienische Reise*, Eintrag zum 13. März 1787.

11 G. Fiorelli (Hrsg.), *Pompeianarum Antiquitatum Historia*, Bd. 2, 1862, S. 583.

12 M. Tullius Cicero, *Briefe an Attikus*, Buch 1, 9.

13 Horaz, *Episteln*, 2, Verse 156–157.

14 Möglicherweise war auch der eine der Freigelassene des anderen: vgl. B. Severy-Hoven, Master Narrative and the Wall Paintings of the House of the Vettii, Pompeii, *Gender History Across Epistemologies* 24.3, 2012, S. 540–580.

15 *Corpus Inscriptionum Latinarum*, Bd. IV, Nr. 8903.

16 Plinius d. Ä., *Naturgeschichte*, Buch 7, 12.

17 Übersetzung nach J. F. Wurm, 1839, S. 2394–2397.

18 D. King, *The Elgin Marbles. The Story of the Parthenon and Archaeology's Greatest Controversy*, 2006.

19 *Tre lettere del Signor Marchese Scipione Maffei*, 1748, S. 33.

20 *Italienische Reise*, a. a. O.

21 Apuleius, *Der Goldene Esel*, Buch 11, 21. Vgl. R. Seaford, Mystic Initiation and the Near-Death Experience, in: *Psychology and the Classics*, 2018, S. 271–277.

22 Plutarch, *Leben des Crassus*, Kap. 33.

23 S. Bertesago, Pompei e la Seconda Guerra Mondiale, *Pompeii-Commitment – Archaeological Matters. Fabulae 04* (28. 01. 2021), Online-Publikation.

24 Pausanias, *Beschreibung Griechenlands*, Buch 8, 23.

25 Livius, *Römische Geschichte*, Buch 49, 18.

26 A. Maiuri, *La Villa dei Misteri*, 1931.

27 Ebd., S. 58.

28 Ebd., S. 160–169.

29 M. Bieber, Der Mysteriensaal der Villa Item, *Jahrbuch des Deutschen Archäologischen Instituts* 43, 1928, S. 298–330.

30 M. Recke, »... besonders schauerlich war die Anwesenheit von Frl. Bieber«. Die Archäologin Margarete Bieber (1879–1978) – Etablierung einer Frau als Wissenschaftlerin, in: *Science oder*

Fiction? Geschlechterrollen in archäologischen Lebensbildern, 2007, S. 209–231.

31 Ebd., S. 214–215.

32 Ebd., S. 217.

33 Auf Deutsch erschienen als: P. Veyne, *Das Geheimnis der Fresken. Die Mysterienvilla in Pompeji*, 2018.

34 Ebd., S. 83.

35 G. Sauron, *La grande fresque de la villa des Mystères à Pompéi. Mémoires d'une dévote de Dionysos*, 1998.

36 M. Osanna, L. Toniolo, *Il mondo nascosto di Pompei. Il carro della sposa, la stanza degli schiavi e le ultime scoperte*, 2022, S. 177–233.

37 Strabo, *Geographie*, Buch 5, 4,8.

38 *Il Fatto Quotidiano*, 10. November 2021, S. 16.

39 J. Packer, Middle and lower class housing in Pompeii and Herculaneum. A preliminary survey, in: B. Andreae, H. Kyrieleis, (Hrsg.), *Neue Forschungen in Pompeji und den anderen vom Vesuvausbruch 79 n. Chr. verschütteten Städten*, 1975, S. 133–145.

40 M. Osanna, Games, banquets, handouts, and the population of Pompeii as deduced from a new tomb inscription, *Journal of Roman Archaeology* 31, 2018, S. 311–322.

41 Osanna, *Pompeji*, S. 226.

42 G. Zuchtriegel, Pompei, una città densamente popolata? Nuove scoperte e analisi GIS, *Rivista di Studi Pompeiani* 33, 2022, S. 163–171.

43 Petronius, *Satyricon*, 42,2.

44 G. F. De Simone, The Agricultural Economy of Pompeii: Surplus and Dependence, in: M. Flohr, A. Wilson (Hrsg.), *The Economy of Pompeii*, 2016, S. 23–51.

45 Vgl. dazu die brillante Analyse von Aldo Schiavone in *La storia*

spezzata. Roma antica e Occidente moderno (1996), ein Buch, das bisher leider nicht in übersetzter Form vorliegt.

46 L. Alapont Martin, G. Zuchtriegel, The newly discovered tomb of Marcus Venerius Secundio at Porta Sarno, Pompeii: Neronian zeitgeist and its local reflection. *Journal of Roman Archaeology* 35, S. 1–25.

47 Plutarch, *Leben des Cicero*, 1, 2–3.

48 Aristoteles, *Politik*, 1, 1254b. Zu Sklaven als »sprechenden Werkzeugen« s. Varro, *De re rustica*, Buch 1, 17, 1.

49 A. Hüttemann, *Die pompejanischen Quittungstafeln des Lucius Caecilius Iucundus: Text, Übersetzung, Kommentar*, 2017.

50 A. Cooley, M. G. L. Cooley, *Pompeii: A Sourcebook*, 2004, S. 153.

51 C. Pepe, Scrivere. Testi greci a Pompei, in: M. Osanna, C. Rescigno (Hrsg.), *Pompei e i Greci*, Ausstellungskatalog, Pompeji, 2017, S. 291–299.

52 Th. Opper, *Nero. The Man behind the Myth*, Ausstellungskatalog London, 2021, S. 188–189.

53 Tacitus, *Annalen*, Buch 16, 6.

54 Cassius Dio, *Römische Geschichte*, Buch 51, 16.

55 Macrobius, *Saturnalien*, Buch 7, 7,5.

56 Flavius Josephus, *Jüdische Altertümer*, Buch 20, 189–196.

57 *Corpus Inscriptionum Latinarum*, Bd. IV, Nr. 4976.

58 Siehe Anm. 9.

59 Petronius, *Satyricon*, 34,10.

60 E. Pilli et al., Analisi antropologico molecolari sui calchi di Pompei, in: M. Osanna, A. Capurso, S. M. Masseroli (Hrsg.), *I calchi di Pompei da Giuseppe Fiorelli ad oggi*, 2021, S. 235–240.

Haus der
Vettier
Thermo-
polium
Haus des
Fauns
Haus der
Leda
Mysterienvilla
Haus des M. Fabius Rufus
Forum
Apollo-Heiligtum
Venus-
Tempel
Stabianer
Thermen